Hansson · Sensitiva amorosa

OLA HANSSON

Sensitiva amorosa

Aus dem Schwedischen übersetzt
und herausgegeben von
Erik Gloßmann

BOER

Abbildung Schutzumschlag: Gustav Klimt, Dame mit Hut und Federboa (Ausschnitt), 1909, Österreichische Galerie. Abbildung Frontispiz: Ola Hansson, Porträt von 1887, aus: Ola Hansson, Samlade skrifter, Stockholm 1919

Unveränderter Neudruck der Ausgabe © 1996
Gesamtherstellung: Boer Verlagsservice, Grafrath
ISBN 978-3-924963-80-4
www.boerverlag.de

INHALT

VORWORT

des Herausgebers

E s gibt Verletzungen, die nie verheilen, die ein Leben lang bleiben. Den Schmerz kann man zeitweise betäuben, die Wunde lecken, Schorf kann sich bilden, an den Rändern eine dünne Haut. Doch die völlige Genesung will nicht gelingen.

Eine solche Verletzung wurde dem jungen Dichter der »Sensitiva amorosa« beigebracht. Ola Hansson, am 12. November 1860 in Hönsinge geboren, stammte aus einem alten Bauerngeschlecht. Schon während der Schulzeit interessierte er sich für Literatur, Philosophie und die revolutionierenden naturwissenschaftlichen Erkenntnisse seiner Zeit. 1880 debütierte er mit Gedichten über seine schonische Heimat; 1881/82 studierte er in Lund, anschließend lebte er zeitweise in Kopenhagen, dem damaligen Zentrum des skandinavischen Geisteslebens, und profilierte sich als Lyriker, Erzähler und Rezensent. Erste Buchveröffentlichungen (»Dikter« 1884, »Litterära silhuetter« und »Notturno« 1885) machten Oscar Levertin und Georg Brandes auf ihn aufmerksam; die meisten schwedischen Kritiker aber standen bereits den kühnen Metaphern und melancholischen Stimmungen von »Notturno« ablehnend gegenüber.

Als »Sensitiva amorosa« am 30. November 1887 erschien, wurden Buch und Autor von der Presse regelrecht »geschlachtet«. *Aftonbladet* nannte das Werk am 9. Dezember 1887 »eines der schändlichsten Produkte einer entarteten Phantasie, das ein an Unsittlichkeit verdienender Verleger ans Tageslicht gebracht hat (...) Dieses ekelhafte und freche Selbstbekenntnis scheint als eine Art ›Ästhetik‹ für die Anhänger gewisser unnatürlicher Laster gedacht zu sein.« *Svenska Dagbladet* glaubte am 14. Dezember 1887, »ausgelebten Libertinismus« zu erkennen. »Viel hat diese Schule, die sich vorzugsweise jung nennen will, uns schon geboten, aber etwas Greisenhafteres, Ausgemergelteres und zugleich so jungenhaft Freches wie Herrn H:s letztes Opus dürfte in unserem Lande bisher kaum ans Tageslicht gekommen sein. Eine detailliertere Besprechung des Buches können wir nicht geben, ohne die Regeln des Anstands zu verletzen, und wir halten es einer solchen auch nicht für wert. Wir möchten nur auf das kräftigste dagegen protestieren, daß so etwas hierzulande gedruckt werden kann«, hieß es weiter. Am selben Tag meldete sich auch *Göteborgs Posten* und schrieb von einem »literarischen Schmutzfleck«, mit dem sich weniger die Kritiker, sondern eher die Polizei beschäftigen sollte. Am 16. Dezember 1887 schloß sich *Göteborgs Handels- och Sjöfartstidning* an: »Etwas vom gleichzeitig Krankhaftesten und Abstoßendsten, das eine schwedische Feder bisher geboten hat (...) Für dieses Buch hätte Gutenberg seine Erfindung nicht machen brauchen.« Wohlwollender äußerte sich am 21. Dezember 1887 *Stockholms Dagblad*, stellte aber gleichwohl fest, Herr Hansson habe »die belletristische Form für Untersuchungen gewählt, die von Rechts wegen in die Psychiatrie und Rechtsmedizin gehören«. *Post- och Inrikes Tidningar* wiederum (ver-)urteilten am 21. Januar 1888 eindeutig: »Eines der Werke, die am besten versiegelt werden sollten und niemals herumliegen dürfen.«

Woher diese fast einmütige Zurückweisung eines Buches, das damit zum »am wenigsten gelesenen und am meisten gescholtenen« (Ingvar Holm) seiner Zeit wurde? Die Gründe werden in den oben angeführten Zitaten mehr oder weniger deutlich genannt. *Aftonbladet* beispielsweise rechnet ja nicht nur mit Ola Hansson, sondern auch mit dem »an Unsittlichkeit verdienenden Verleger« ab. Gemeint ist Hans Österling, dem Ola Hansson das Manuskript in einem Brief vom 9. September 1887 angeboten hatte. Mit seiner Entscheidung, »Sensitiva amorosa« herauszugeben, stellte sich Österling gegen den am 4. April 1887 gebildeten Neuen Buchhändlerverband (Nya bokförläggarföreningen), von August Strindberg abfällig als »Sittlichkeits- und Christusliga« bezeichnet. Diesem vor allem in der Hauptstadt Stockholm einflußreichen Verein, der vor offenem Boykott nicht zurückschreckte, war auch Ola Hanssons bisheriger Verleger Ivar Haeggström beigetreten. Zudem glaubte die neue Redaktion des *Aftonbladet* wohl, sich von dem ehemaligen Mitarbeiter (Ola Hansson hatte 1885 für diese Zeitung geschrieben) besonders distanzieren zu müssen.

Gewichtiger sind jedoch die Gründe, die aus den ästhetischen (Miß)verständnissen der Zeit resultierten. Die Kritiker unterstellten dem Werk einfach – ausgesprochen oder unausgesprochen – Ergebnis eines simplen mimetischen Prozesses, eben »ekelhaftes und freches Selbstbekenntnis« zu sein. Indizien dafür schien es zu geben: die Erzählperspektive, die genaue Beschreibung von südschwedischen Landschaften und Orten, an denen sich der Autor in jenen Jahren aufgehalten oder die er auf seiner Reise in die Schweiz 1886 kennengelernt hatte. Weiterhin war es ein offenes Geheimnis, daß zu dem Stundentenleben, das Ola Hansson in Lund geführt hatte, Bordellbesuche gehörten; einige wiederum wußten, daß

Ola Hansson durch eine innige (platonische) Beziehung mit der jungen Schriftstellerin Stella Kleve (1864-1942; eigentlich Mathilda Kruse, später verheiratete Malling) verbunden war, in der er eine Seelenverwandte und Vertraute sah. Entsprechendes könnte man durchaus aus dem I. Abschnitt von »Sensitiva amorosa« herauslesen – eine Abkehr von der trivialen, (käuflichen) körperlichen Liebe zugunsten subtilerer erotischer Genüsse. Dazu kam, daß den vom moralischen Standpunkt her urteilenden Kritikern offenbar »die ganze Richtung« nicht schmeckte. Ola Hansson bewunderte Jens Peter Jacobsen und Iwan Turgenjew, er hatte Hans Jaegers kühne Provokation »Fra Kristiania-Bohemen« gelesen und Artikel über Paul Bourget, Joris Karl Huysmans und Guy de Maupassant publiziert – Autoren, die in Schweden gemeinhin als dekadent, verdächtig, sittengefährdend galten.

Die wenigen Verteidiger Ola Hanssons hatten in ihm im positiven Sinne einen »poète de décadence« erkannt – hier war es einem jungen Schweden gelungen, die Impulse der Moderne aufzunehmen, mit dem Ureigenen zu verbinden und etwas sprachlich wie inhaltlich Neues, Kühnes in die Literatur seines Landes einzubringen. Stella Kleve erwähnte in *Skanska Aftonbladet* vom 21. Dezember 1887 die ästhetische Nähe zur Baudelaire-Schule in Frankreich und sah in »Sensitiva amorosa« die »eigentümlichste und feinste Frucht der literarischen Herbstflora«, an der sich Lebensangst und Fatalismus zeigten. Sie betonte, daß es sich keinesfalls um eine Sammlung realistischer Novellen, sondern um ein lyrisches Gedicht in Prosa handelte. Das Buch erinnere an die kühl-tristen, fein abgetönten Landschaften, die der kranke Jacobsen zu zeichnen pflegte. Auch Georg Brandes sprach sich für das Werk aus, an dem er Einflüsse Bourgets bemerkte. »Keine schwedische Schriftstellerin besitzt eine so weibliche, mimosenhafte Sensibilität wie dieser Autor, der aus einem Bauerngeschlecht stammt, jedoch in seinem Gefühlsleben aristokratischer ist als der letzte verfeinerte Nachkomme eines fürstlichen Hauses« – diese lobend gemeinten Worte lassen anklingen, daß auch Brandes dazu neigte, vom Text allzu schnell auf dessen Urheber zu schließen.

Natürlich sollte es jedem Leser selbst überlassen sein, eine ganz individuelle Lesart von »Sensitiva amorosa« zu finden. Handelt es sich vielleicht doch um Erlebtes? Um Auswüchse einer dekadenten, fatalistischen, nihilistischen Lebenshaltung? Um Sexualphantasien eines kranken Gehirns, um Träume, Seelenlandschaften? Oder um wissenschaftliche Studien in literarischem Gewand? Entfaltet Ola Hansson zur Novelle, was sich eigentlich als psychischer Prozeß in Augenblicken im Unbewußten vollzieht, aber dennoch nachhaltig wirken kann? Und was hat es mit der Sprache auf sich, die mal tastend, forschend, unbeholfen, mal rauschhaft gesteigert wirkt und in Bildern schwelgt?

Vielleicht kann Ola Hansson selbst helfen, Antworten zu finden. »In Zeiten wie unseren, da die Reflexion ihr Durchschnittsmaß überschritten und begonnen hat, sich sogar in den Kern des Unbewußten einzufressen, der allein lebensträchtig ist, müssen die Dichter seltsame Umwege gehen, wenn sie in ihrer Produktion die unmittelbaren Bewegungen des Seelenlebens wiedergeben wollen«, schrieb er in *Andliga produktionssätt* und nennt einige Methoden – zum Beispiel, die psychischen Phänomene in ihre Elemente zu zerlegen und dann auf artifiziellem Wege eine Synthese herbeizuführen. Er erwähnt weiterhin Schriftsteller, die es verstehen, Wirklichkeit aus ihren eigenen Phantasien zu destillieren. »Sie durchleben das wirkliche Leben mit all seinen Konflikten, aber nicht in äußerer konkreter Gestalt, sondern ausschließlich in

ihrem Inneren. Es ist bezeichnend für das sensible Dichterna-
turell, daß sich der schwächste Eindruck ausbreitet wie die
Ringe auf dem Wasser, wenn man einen Stein hineinwirft, ein
Vielfaches an Intensität gewinnt und eine ganze Serie von
Bildern nach sich zieht, oft dramatisch verknüpft; der Dichter
ist hier ein Verwandter des Träumers und Somnambulen.«
Die äußere Natur könne ganz unterschiedlich auf den Künstler wirken, wie Opium schärft sie dem einen die Sinne, so daß
sich Farben und Konturen auf die Seele übertragen; ein anderer dagegen vernimmt das Wesen einer Landschaft in Form
eines schwachen, singenden Tons.

Die von zum Teil voreingenommenen Rezensenten ausge-
teilten Schläge hätte Ola Hansson wohl wegstecken können.
Was ihn jedoch vor allem schmerzte, war das Salz, das ihm die
jungen Schriftsteller und Kritiker, die er für Freunde und
Verbündete gehalten hatten, in die Wunde streuten – indem
sie schwiegen. Ola Hansson stand dem »Jungen Schweden«
(Det unga Sverige) nahe, einer Gruppe oppositionell einge-
stellter Autoren, die in August Strindberg ihr Vorbild sah.
Doch keine Stimme aus diesem Kreis erhob sich, um »Sensitiva amorosa« in Schutz zu nehmen. Ola Hansson fühlte sich
isoliert, verraten, boykottiert; einen Verleger für die an »Sensitiva amorosa« anknüpfende Novellensammlung »Parias«
konnte er in Schweden nicht finden.

Und doch fallen in diese Zeit der Kränkungen, der Depres-
sion, wichtige Weichenstellungen für Ola Hanssons Leben.
August Strindberg wendet sich an ihn; er möchte eine der
Parias-Novellen dramatisieren. Aus der Bekanntschaft ent-
wickelt sich eine enge Freundschaft, die einige Jahre dauert.
Aber auch eine junge Intellektuelle aus dem Kreis um Georg
Brandes interessiert sich näher für den Dichter der »Sensitiva
amorosa« – Laura Mohr (1854-1928), eine aus Riga stammen-

de Baltendeutsche, die unter dem Pseudonym Laura Marholm schreibt, übersetzt, rezensiert. 1889 heiraten sie, reisen nach Frankreich, Deutschland, der Schweiz. Ab 1890 lebt das Ehepaar in Berlin und der »Literaturhauptstadt« Friedrichshagen, wo sich die unangepaßten Dichter und Denker, Künstler und Bohemiens angesiedelt haben. Laura Marholm-Hansson hat gute Beziehungen zu den literarischen Kreisen, Verlagen und Redaktionen. Sie ebnet ihrem Mann den Weg; in Deutschland können seine Bücher und Artikel erscheinen. Ola Hansson mischt sich in die ästhetischen Debatten, publiziert in den wichtigen Blättern, entwickelt sich in kurzer Zeit zu einem der einflußreichen Kulturvermittler in Europa.

1890 lag in Berlin die erste Ausgabe von »Parias« vor – in deutscher Sprache, mit dem Untertitel »Fatalistische Geschichten«. Im Vorwort blickte Ola Hansson auch auf »Sensitiva amorosa« zurück: »Ich (ging) von einem bestimmten Grundgedanken, einer bestimmten Betrachtungsweise von Menschen und Leben aus, die ich betonen wollte: die einzelnen Geschichten waren alle Ablagerungen um diesen festen Mittelpunkt, Variationen desselben Themas.« Dieser Mittelpunkt sei »das innerste Verknüpftsein des Individuums mit der streng naturbedingten Außenwelt, wodurch es, ganz ohne eigene Selbstbestimmung, von angeerbten Dispositionen, von Zufälligkeiten, von geheimnisvollen Mächten und unerklärlichen Neigungen abhängig ist, so daß bedeutungslose Kleinigkeiten und die Launen des Zufalls und die flüchtigsten, losesten Eingebungen des Augenblicks wie halb närrische Alleinherrscher über sein Leben und Glück entscheiden«. 1892 erschien endlich auch »Sensitiva amorosa« in deutsch, versehen mit dem Untertitel »Neue Herzensprobleme«, im Verlag von Carl Küchenmeister, Berlin. Es war jedoch eine unvollständige Ausgabe; im Vergleich zur hier vorliegenden Fassung fehlten die beiden (aus damaliger Sicht) brisantesten Abschnitte I und VIII, also die für das allgemeine Verständnis so wichtige Einleitung sowie jenes Kapitel, das homosexuelle Liebe thematisiert (dafür wurde Abschnitt V an die vorletzte Stelle gerückt). Ob es sich bei den Weglassungen um eine Vorsichtsmaßnahme des Autors, eine Forderung des Verlegers oder einen Eingriff der Zensur handelte, war nicht zu ermitteln. 1897 stellte Ola Hansson einen Band »Kaserier i mystik« (Plaudereien in Mystik) zusammen, der auch einen »Sensitiva amorosa« überschriebenen Essay enthielt. Dieser Beitrag, eine Art Kommentar aus der Distanz von zehn Jahren, schien besonders geeignet, die hier vorliegende Ausgabe abzuschließen.

Eine zweite schwedische Auflage des Skandalbuches von 1887 gab es erst 1902 in Albert Bonniers förlag. Im selben Jahr schrieb Ola Hansson einen Artikel für das Jahrbuch des schwedischen Schriftstellerverbandes (Svenska Författareföreningen) über seine literarischen Anfänge. Darin kommt er auch auf »Sensitiva amorosa« zu sprechen: »Wenn ich nun, nach fünfzehn Jahren, die Lebensphilosophie in dieser Arbeit auf möglichst populäre und leicht faßliche Art ausdrücken wollte, würde es ungefähr so klingen: Es gibt in der Welt der Liebe andere Probleme als das Nein des Schwiegervaters und Svavas Handschuh (Anspielung auf Björnstjerne Björnsons Schauspiel ›En handske‹, in dem auch vom Mann voreheliche Keuschheit gefordert wird – E.G.). Die schwedische Kritik dagegen stellte nachdrücklich fest, daß es sich nur um sexuelle Abnormitäten handeln konnte (...) Und gegen die Dummheit kämpfen bekanntlich selbst die Götter vergebens.«

Es gibt Verletzungen, die nie verheilen, die ein Leben lang bleiben. Ola Hansson kehrte, von wenigen kurzen Besuchen abgesehen, nicht wieder nach Schweden zurück. Auf die bewegten, erfolgreichen Friedrichshagener Jahre folgten ruhigere, literarisch produktive in Schliersee und München. Doch bald beeinträchtigten persönliche Probleme die Schaffenskraft Ola Hanssons; die Entfernung vom Heimatland, von der schwedischen Sprache, wirkte sich ebenso aus wie der verlorene Kontakt zu den tonangebenden intellektuellen Kreisen. Für die Familie Hansson begann eine unstete Wanderschaft, sie lebte unter anderem in Feldkirch (Vorarlberg), Meudon, Bern, Berlin, Riga, Prag, Mölle, Ragusa (Dubrovnik) und Athen. Am 26. September 1925 starb Ola Hansson nach kurzer Krankheit in Büyükdere am Bosporus. Studenten gaben ihm das letzte Geleit, als er im Mai 1926 in Lund beigesetzt wurde, eine späte Heimkehr nach über drei Jahrzehnten eines freiwilligen Exils.

Hönow, im September 1996   *Erik Gloßmann*

Sensitiva amorosa

I.

» — — — Ich habe jetzt nur noch ein einziges Interesse: das Geschlecht zu studieren und zu genießen. All die Wurzelfasern, durch die mein Wesen mit dem Leben verwachsen ist und durch die es Nahrung daraus saugt, sind eine nach der anderen vertrocknet und eingeschrumpft, alle außer einer einzigen, und diese eine ist groß gewachsen und mit Saft gesättigt, hat sich tief eingebohrt und ausgebreitet und bildet nun ein Netz aus feinen Verzweigungen, das allein mir Halt im Leben gibt. Alle meine anderen Organe haben allmählich, eines nach dem anderen, aufgehört zu arbeiten – die Kanäle, die das Blut vom Herz des Lebens in dessen Gefäße leiteten, sind verstopft, paralysiert und in tote Rudimente verwandelt worden – alle außer einem, durch welches ich das Geschlecht studiere und genieße, das in seinem Aufbau eine extreme Differenzierung erfahren hat und zu einem zerbrechlichen Mechanismus mit mikroskopisch kleinen und spinnwebenfeinen Rädern und Zähnen geworden ist. Ich habe dieses Studium und diesen Genuß zu einer leckeren Kunst gemacht, und ich habe hier im Leben kein anderes Ziel oder Interesse als diese Kunst zur Vollendung zu bringen.

Für Menschen wie mich kommt immer, früher oder später, ein Zeitpunkt, da man aller wirklichen Verbindungen mit Frauen müde ist. In all diesen Verbindungen, wie verschieden sie auch seien mögen, findet sich so viel Banales und Schmerzliches; ich habe mehr als genug davon gehabt und genieße die Frauen nun aus der Distanz, in mir, indem ich sie studiere. Auf diese Weise kann ich all das Triviale auslösen, das den Geschlechtsverhältnissen innewohnt, und die reine Essenz genießen, ohne unappetitliche Zusätze.

Es liegt etwas erschreckend Tristes darin, einer Frau den Hof zu machen und sie zu bekommen, es erregt Ekel und Schmerz von Anfang bis Ende. Erst gehen sie da, die beiden, der Mann und die Frau, und sie streichen umeinander herum wie zwei läufige Katzen, und jeder heimlich gewechselte Blick offenbart, in seiner lüsternen Glut oder schmachtenden Feuchte oder schamvollen Scheuheit, den Geschlechtstrieb, der die beiden physisch verunreinigt. Ich habe immer Widerwillen beim Anblick dieses schmutzigen und lächerlichen Spiels empfunden, zu dem die ganze Welt vielsagend und zynisch lächelt und das mich immer an das Gebalz des stutzerhaften Hahns vor der sich zierenden Henne erinnert hat. Und wenn dann das großartige Glück und die Erfüllung, die in dem erbärmlichen Paarungsakt liegen, erreicht sind, dann ist die Geschichte aus, und es bleibt nicht mehr so besonders viel, denn in neunundneunzig von hundert Fällen sieht man sich, früher oder später, einem Geschöpf gegenüber, das man nie zuvor gesehen und nach dessen Bekanntschaft oder Besitz man sich weit weniger gesehnt hat. Man erwacht eines schönen Tages in seinem Bett mit einer fremden Frau an der Seite, und man kann nicht einen einzigen Zug ihres Gesichts oder ihrer Seele wiedererkennen. Ist sie deine Geliebte ohne die spezielle Erlaubnis unseres Herrn, erwartet dich die ganze peinliche Unannehmlichkeit einer Trennung, und wenn du dich in eine von der Gesellschaft kontrollierte Verbindung begeben hast, mußt du bis ans Ende deiner Tage intim mit

diesem unbekannten Wesen zusammenleben, das du nie ge-
wollt hast und das dir nun wie eine Klette anhängt. Du kannst
eine Frau so gründlich wie möglich studiert haben und glau-
ben, daß du sie außen und innen kennst – du bist dennoch
niemals richtig davor sicher, daß sie nicht eines Tages wie der
Aal die Haut wechselt. Plötzlich steht sie vor dir und hat mit
der, die du vorher kanntest und liebtest, so viel Ähnlichkeit
wie schwarz mit weiß. Begreif doch, der Mensch ist nichts
Festes und Unveränderliches, das man festhält und von dem
man sagt, es sei so oder so; in seinem Wesen vollziehen sich
ständig geheime Prozesse, die seinen Körper und seine Seele
Minute für Minute verändern, Prozesse bei dir und denen, die
du im Leben gern hast und zärtlich an dich ziehst, und weder
du noch sie wissen, worin diese bestehen. Bist du es, der mit
anderen Augen sieht, oder hat sie sich gewandelt, ist sie eine
andere geworden? Du weißt es nicht; du weißt nur, daß dieser
Mensch, der dir immer näher gekommen ist, bis ihr ineinan-
der übergegangen seid, plötzlich weggerissen wurde und nun
weit, weit von dir entfernt steht, wie ein gleichgültiger oder
verhaßter Gegenstand, mit dem du nichts zu tun haben willst
oder den du verabscheust.

Das hat mich meine Erfahrung gelehrt, und ich will nun
nicht länger Gefahr laufen, mich dem Leben mit Haut und
Haar auszuliefern, denn dann bringen uns die Frauen mehr
Böses als Gutes; aber weil mir das Geschlecht alles ist und das
Leben ohne inhaltslos sein würde – ich konnte nie verstehen,
wie Menschen anders zu leben vermögen – habe ich gelernt,
es auf andere Art und meine Weise zu genießen, so daß ich
den reinen Wein trinken kann, ohne Nebenwirkungen be-
fürchten zu müssen.

Allen diesen Frauen, denen ich auf Promenaden, in Thea-
tern und wo sonst ein solcher Aufs-Geratewohl-Flaneur des

Lebens wie ich hingerät, begegne, will ich mich nicht nähern, nicht mit ihnen sprechen, denn dann würde die Stupidität und all das andere Elend in diesen schönen oder charakteristischen Köpfen bald hervorstechen und so alles insgesamt für mich verdorben werden. Aber ich genieße sie alle, mit meinem ganzen Körper und meiner ganzen Seele, mit Blick und Geruch und Gefühl und Gedanke. Ich nehme jede für sich aus der Menge heraus und suche nach ihrem innersten Ich, dem Aroma in ihrem Wesen, der Nuance des Gesichts, der Besonderheit der Figur, dem flüchtigen Bouquet des Naturells, ich erfasse es in einer Geste, einer Miene, einem Ausdruck im Blick, in der Art zu gehen, in welcher Bagatelle auch immer, auf die kein anderer achten würde, in der sich jedoch die individuelle Eigenart ganz offen zeigt. Oder ich lote die Tiefen in diesem verborgenen persönlichen Leben mit meinen scharfsinnigsten Gedanken aus; und wenn dann die Frau so vor mir steht, einsam unter allen mit i h r e r zarten aber distinkten Individualität in Haut und Blick und Hirn und Herz, genieße ich sie. Was macht es da, daß ich sie nicht dicht an mich ziehe; sie kann mir ja doch niemals näher kommen als sie ist, und der Mann, der sie einmal in seinen Armen hält, wird ihr nicht so nahe kommen. Denn i c h fühle die Basis in ihr, die Tiefen und den Grund, erkenne sie wieder in ihren feinsten inneren und äußeren Abtönungen, und ich habe sie ganz ohne ihr Wissen mehr genommen als ein anderer Mann es mit ihrer Einwilligung wird tun können. Deshalb kann ich auch beliebig viele und alle, die ich treffe, gleichzeitig lieben und genießen, denn es ist die Wesens-Nuance, die bei jeder von ihnen liebe und genieße, und die ist verschieden bei der einen und bei der anderen.

Zuerst sind es die Typen, die ich als allgemeine Stilmuster auskoste: die schmiegsam und rundlich Festen mit schwar-

zem Haar, dichten Augenbrauen und wächsernem Teint, die
an geschmackvolle Gewänder aus schwarzer und gelber Seide
erinnern; die schlanken, etwas schlaksigen Brünetten mit
aprikosenweicher Röte auf den Wangen, die den samtwei-
chen und taufeuchten Blütenblätter der Veilchen gleichen; die
Blondinen mit allzu üppigen Formen und ihrem Geruch süß-
licher Wärme; die kleinen und zartgliedrigen Hellen, die Tee-
rosen oder Tulpen gleichen; die mit glattgekämmtem und in
der Mitte gescheiteltem Haar und vergiß-mich-nicht-blauen
Augen und einem Gesicht in sahneweiß und erdbeerrot, à
l'anglaise, die dich an die Blumen vor dem Fenster eines
kleinbürgerlichen Hauses in den abgelegenen Nebenstraßen
einer Großstadt denken lassen – und viele andere. Und
dann – und das liebe und genieße ich am meisten und inten-
sivsten – kommen all die unzähligen Schattierungen, die sich
in keine Gruppe einordnen lassen, sondern jede für sich ihre
wunderbare selbständige Persönlichkeit ausleben und im
Äußeren die eine oder andere rätselhafte Eigenart aufweisen,
unter der du die besondere Nuance in ihrem intellektuellen
und Gefühlsleben zu suchen hast. Wenn mir eine solche Frau
über den Weg läuft, vergesse ich die ganze Welt um mich
herum und gebe mich erst zufrieden, wenn ich sie durch-
schaut habe; ich lege sie vor mich auf den Seziertisch, dringe
mit meinem forschenden Gedanken in sie ein und verschmel-
ze mit ihr in meinen intimsten Gefühlen. Während meiner
Analyse untersuche ich jede Partikel an ihr und sehe ihr
Wesenszentrum mit meiner Intuition, und so besitze ich sie
schließlich ganz und gar, wie sie mit ihrer komplizierten und
einheitlichen Persönlichkeit aus der großen, geheimnisvollen
Werkstatt der Natur hervorgegangen ist. Denn es sind vor
allem die charakteristischen Bagatellen am Menschen, die
mich mystisch locken; was andere als häßlich abtun, kann für

mich das Interessanteste sein, und was als schön gilt, kann mir ausdruckslos wie eine unbeschriebene Schiefertafel erscheinen. —Siehst du, da wächst im überkultivierten Boden der modernen Gesellschaft eine eigenartige, seltsame Pflanze, die *Sensitiva amorosa* heißt. Die Adern der Blütenblätter sind mit morbiden Ölen gefüllt, ihr Duft hat eine kränkliche Süße, und ihr Kolorit ist gedämpft wie das Tageslicht in einem Krankenzimmer mit zugezogenen Gardinen und rein wie eine sterbende Abendröte. Wenn du in deinem und dem Leben deiner Freunde suchst, wirst du viele verschiedene Abarten von ihr finden; und wäre ich wie du, würde ich einige davon pflücken und auf dem Markt verkaufen [...]«

II.

Wir waren drei alte gute Freunde, die lange in intimem und täglichem Umgang zusammen gelebt und einander in- und auswendig gekannt hatten. Vom Leben in verschiedene Richtungen geführt, trafen wir uns nun wieder, nach vielen Jahren Trennung, in denen der eine vom anderen nur durch Gerüchte und flüchtig aufgeschnappte Worte von gemeinsamen Bekannten gehört hatte, die einem gelegentlich über den Weg durchs Leben gelaufen waren. Durch einen Zufall hatten sich unsere Bahnen noch einmal gekreuzt – das Schicksal hat ja solche kleinen Einfälle. Derjenige, der am Ort wohnte, hatte ein Abendessen arrangiert; wie in alten Zeiten waren wir unter uns. Nach und nach wurden sie Gemüter weich, alle vergessenen Erinnerungen aus unserem Freundschaftsleben erstanden wieder von den Toten, und unsere Jugend tauchte plötzlich vor unserem Blick auf wie eine stille und schlummernde Fata Morgana, doppelt zauberhaft, wie sie nun da in der Ferne lag. Wir hatten eine Droschke genommen, die Stadt lag bereits hinter uns, und wir fuhren langsam am Strand entlang. Es war ein Tag im Vorfrühling; es dämmerte allmählich, und der Sund lag blank in der sinkenden Abendsonne. Dampf stieg aus den Wiesen hoch, die Dorfhaine schimmerten in zartem Grün, und es war so einsam-still, wie es allein auf dem Flachland sein kann; nur die Lerchen sangen oben im blauen Raum. Die

Erinnerungen tauchten aus dem Verflossenen auf, eine nach der anderen, mal eine frohe, mal eine wehmütige, sie wurden zu Worten und Bildern, und wir erlebten alles noch einmal, ruhig und friedlich wie der Frühlingsabend um uns herum, wie es nur in der Rückschau möglich ist, wenn das Leben seinen Griff gelockert und einen freigegeben hat.

Ein Name kam auf meine Lippen, ich weiß nicht wie oder warum, der Name eines Menschen, dem wir alle drei eine Zeit lang nahegestanden hatte, und wir begannen, uns über sein Lebensschicksal zu unterhalten. Er hatte sich vor ein paar Jahren mit einem Mädchen verlobt, das alle erdenklichen Vorzüge besaß und vor dem alle Welt bewundernd auf den Knien lag. Nach einer Verlobung von einigen Monaten hatte er diese plötzlich gelöst, ohne daß ein Mensch den Grund erkennen konnte. Das Mädchen hatte seinen Entschluß akzeptiert, sich über das Mißgeschick getröstet und bald genug einen anderen gefunden, der, wie die Welt sagte, sein Glück besser zu schätzen wußte, und er saß als gutgestellter Beamter in irgendeinem Loch von Provinzstadt. Keiner von uns kannte sie, und wir hatten nichts, woran wir uns halten konnten, während wir in seiner Natur nachforschten und Vermutungen anstellten.

»Es bringt nichts, ein Rätselraten darüber zu veranstalten, was ihn zu seiner Entscheidung gebracht hat«, sagte mein Gegenüber, »das weiß sowieso nur er selbst, und hätte er es gesagt, hätte es wahrscheinlich niemand verstanden und sie, die den meisten Anspruch auf eine Erklärung erheben konnte, vielleicht am allerwenigsten. Ich erinnere mich noch, wie ich, als ich ihre Karte bekam, im Stillen prophezeite, daß sie in neunundneunzig Fällen von hundert auseinandergleiten würden, obwohl ich nicht die geringste Ahnung hatte, wie sie aussah oder war, einzig und allein weil ich wußte, daß Men-

schen wie er und wir uns nicht fürs ganze Leben binden
k ö n n e n . Für uns ist die Ehe ein Hasardspiel, ein Grand mit
schlechten Karten. Es sind die Bagatellen, die unser Leben
beherrschen und die Wendepunkte bilden, die unberechenba-
ren kleinen Dinge, die man erst entdeckt, wenn es zu spät ist,
und die man im ersten Augenblick nicht sehen k a n n . Unser
Freund war auf seinem Wege einer Frau begegnet, in deren
äußerem und innerem Wesen seine eigene sensible und emp-
findliche Natur ihre heimlichen Bedürfnisse und Träume
wiederfand. Sie wirkte auf ihn wie ein hoher Violinton, der
seine ganze Seele und alle seine Sinne, die feinsten Saiten in
ihm mitschwingen ließ, und er vergaß, daß in diesen ängstlich
spröden Bogenstrichen der Mißlaut am allerwachsten lauert.
Aber eines schönen Tages hörte er diese falsche Nuance, und
der Mißklang wuchs und verschärfte sich von Minute zu
Minute, und er steckte die Finger in die Ohren und wand sich
und litt. Es half nicht im geringsten, und die ganze Melodie
zerbrach und zerfiel in einen unerträglichen Mischmasch aus
rauhen, gellenden Tönen – und er floh. Es kann ein einziges
kleines Wort gewesen sein, das dies bewirkte, ein Tonfall in
ihrer Stimme, ein Ausdruck in ihrem Gesicht oder eine Bewegung ihres Körpers; es kann was auch immer gewesen sein,
irgend etwas, das seinen Blick auf sie veränderte, vielleicht
einzig und allein eine Assoziation in seinen Gedanken, die gar
keinen wirklichen Grund hatte, oder eine plötzliche Umwälz-
zung in seinem Gefühlsleben, mit der sie gar nichts zu schaffen hatte und für die er selbst nichts konnte, ganz wie wenn
wir, rein physisch ohne merkbaren Anlaß Geruchs- und Ge-
schmackshalluzinationen bekommen, die uns unbehaglich
sind. Aber dieser unangenehme Eindruck von Ekel, der vielleicht ursprünglich in keinerlei Zusammenhang mit ihr ge-
standen hatte, war mehr als ausreichend, ihn von ihr abzu-

stoßen wie von einem widerlichen Gegenstand. Und er hat sich von ihr frei machen m ü s s e n , ein Rätsel für alle und ein Rätsel für sich selbst.

Ein junger Mann aus meinem Bekanntenkreis hat mir eine solche Geschichte aus seinem eigenen Leben erzählt. Er hatte sich in ein Mädchen verliebt, das sich entgegenkommend zeigte; sie sahen sich täglich in einem freien und intimen Umgang und hatten gute Gelegenheiten, einander so gut kennenzulernen, wie es für zwei Menschen möglich ist. Und er fühlte, wie sie ihm mit jedem Tag näher kam und sein eigenes Wesen immer innerlicher in ihres einging und sich darin zur Ruhe legte, als hätte es da sein gutes und rechtes Heim. Da geschah es eines Abends in einer Gesellschaft, daß ein anderer Mann, gegen den er vom ersten Augenblick seiner Bekanntschaft an eine jener Antipathien hegte, die wir niemals richtig analysieren können, aber in unserem ganzen Wesen empfinden, dem jungen Mädchen den Hof machte, und es schien ihm, mit oder ohne Grund, daß sie seine banalen Phrasen günstig aufnahm. Er registrierte es zuerst wie eine Brandwunde ganz tief in seiner Seele, wie eine unerträgliche Hitze in seinen Gefühlen; dann war ihm, als wäre etwas von dem Wesen jenes antipathischen Menschen in ihres eingedrungen, in einer physischen und geistigen Verschmelzung. Als ob sich etwas von diesem unbekannten Element bei seinem Rivalen, das der Quintessenz seiner eigenen Natur unerträglich war, dieser Frau mitgeteilt hätte, empfand er plötzlich auch bei ihrem Anblick und ihrer Annäherung Widerwillen, ganz die selbe Antipathie wie dem anderen gegenüber, unerklärlich und unbezwinglich. Es war, als wären ihr Körper und ihre Seele von einem neuen Stoff erfüllt, mit dem sich sein Wesen nicht vermischen konnte, sondern vor dem es sich in einer instinktiven Reflexbewegung zurückzog, wie wenn unsere

Sinne, unsere Geruchs- und Geschmacksnerven, von etwas
Widerlichem affiziert werden.

Ich kenne auch ein junges Mädchen, dem etwas Ähnliches
passiert ist. Sie hatte sich mit einem jungen Mann verlobt, und
sie liebten sich so sehr, wie es hier auf Erden nur möglich ist;
sie meinten, ganz füreinander geschaffen zu sein. Er nimmt
sie mit nach Hause, um sie seinen Eltern vorzustellen, und sie
wird augenblicklich von einer heftigen Abscheu vor dem
Gesicht des Vaters ergriffen. Als sie ihn da an der Seite des
Sohnes stehen sieht, glaubt sie – vielleicht aus realem Grund,
es kann aber auch ganz einfach Einbildung gewesen sein – in
diesem aufgedunsenen, widerwärtigen Antlitz etwas Ge-
meinsames mit den Zügen ihres Geliebten zu finden. Und
bald sah sie nichts anderes mehr; all die kleinen charakteristischen Eigentümlichkeiten, die sie früher eine nach der anderen entdeckt hatte und die ihr so lieb waren, weil sie allein auf
der Welt sie kannte und die sie deshalb als ihr persönliches
Eigentum angesehen hatte, verschwanden, und es blieb nichts
mehr übrig als diese unbestimmte Ähnlichkeit mit dem Vater,
von der sie nicht wußte, worin sie lag und bestand, die sie
aber fühlte und allein vor sich sah, wenn sie zusammen waren, er und sie, und an die sie ständig, Tag und Nacht, dachte,
an der sie litt, vor der sie sich ekelte, die unkontrolliert
wucherte und zu einer fixen Idee erstarrte, die ihr ganzes
Dasein, ihre Sinne, Gefühle und Gedanken erfüllte. So kann
es uns in Fiebernächten geschehen – eine Melodie klingt wieder und wieder in unseren Ohren, immer dieselbe, und wir
können sie nicht loswerden, sie liegt uns wie ein Alp auf der
Brust, und wir schwitzen und krümmen uns unter ihr, und sie
schmerzt wie ein Messer in einer halb verheilten Wunde und
surrt wie eine Fliege im Gehirn wie in einem unendlichen
lautleeren Raum.«

Die Sonne stand groß und gelb unten am Horizont, der Himmel verblaßte. Die Nachtkühle war schon in der Luft zu spüren, und es wurde noch stiller auf der Ebene.

»Ich habe«, fuhr unser Freund nach eine Weile fort, »– euch kann ich es ja gern erzählen, denn inzwischen kann ich an all das ohne Qual denken und ohne Verlegenheit reden – ich habe in meinem Leben selbst einmal ein Erlebnis gehabt, das all das gerade Berichtete zu etwas mir intim Verwandtem macht, das ich voll und ganz verstehe. Es war in einem Sommer vor einigen Jahren – ich hatte einen Winter voller anstrengender und einförmiger Schinderei hinter mir, ich war müde an Körper und Seele, des städtischen Junggesellenlebens und der menschlichen Gesellschaft überdrüssig und wollte dem Ganzen entkommen. Ich reiste aufs Geratewohl und ließ mich schließlich in einem abgelegenen ländlichen Winkel nieder, in einer idyllischen Gegend mit Wald und See, die gleichsam eine Welt für sich bildete, wohin der gewöhnliche Lärm nicht drang und die in keiner Verbindung mit jener stand, aus der ich gekommen war. Es war, wie wenn man aus einem Tanzlokal in die Nacht und die freie Luft hinaus kommt. Man ist wirr und heiß in Blut und Nerven, und der Lärm surrt einem noch im Kopfe. Ich schien mich in einer unendlichen Leere zu bewegen, die über mich fiel und mich wie ein Schwindel drückte. Die Tage kamen und gingen, und ich hatte nur ein einziges Gefühl von Sommer und Ruhe und daß der Himmel blau war und die Luft mit warmem Licht erfüllt und daß es kühl war im grünen Schimmer unter dem Buchendach, als ob sich einem eine Frauenhand auf die Stirn legte. Ich streife den ganzen Tag umher und wurde wie ein Tier des Waldes oder ein Kraut des Feldes. Es war eine stille Auferstehung des Kindes in mir, wie wenn eine Pflanze, die von der Sonne verbrannt und vom Staub bedeckt war,

nach einem Regenschauer langsam ihre verwelkten Blätter
erhebt; die letzten Jahre lagen hinter mir wie eine wimmelnde
murmelnde Finsternis. Ich fühlte mich, als träte ich unverhofft hinaus in den Sonnenschein und spürte, wie er mein
gefrorenes Wesen durchdrang und auftaute. Und wenn der
Abend kam und die Sonne untergegangen war und es still
wurde und die Sommernacht bläulich über den Feldern lag,
war ich sentimental, wie man es in den unvergeßlichen Tagen
der ersten Jugend ist.

Als ich an einem solchen Abend nach einem ganz im Frei-
en verbrachten Tag nach Hause kam, fand ich auf meinem
Tisch einen Einladungsbrief von einem der Honoratioren des
Ortes, einem dänischen Gutsbesitzer, dessen Familie ich oft
auf meinen Streifzügen begegnet war – von ihr vermutlich als
ein seltsamer Vogel betrachtet, da ich wochenlang wie ein
Eremit gelebt hatte, ohne anderen menschlichen Umgang als
meine Wirtsleute, anspruchslose Pächter. Ich freute mich keinesfalls über den Brief, denn ich wollte in Frieden sein und
hatte es so gut gehabt und spürte, daß es damit nun vorbei
war. Aber ich ging. Es waren einige Leute aus der Umgebung
da, man vergnügte sich auf anspruchslose, kleinbürgerliche
Art, ich fand es weder amüsant noch langweilig. Als ich mich
jedoch abends auf den Heimweg begab und allein mit mir
selbst richtig überdenken konnte, was geschehen war und wo
hineinzugeraten ich dabei war und was nun kommen würde,
sank meine Stimmung. Mit grausamer Ironie konstatierte ich
an mir alle bekannten Symptome des Verliebtseins. Ich kannte mich selbst allzu gut, um zu wissen, daß ich schon mitten-
drin steckte und nichts anderes zu tun hatte, als alles seinen
Gang gehen zu lassen, und mir war bange vor dieser neuen
Neigung, die sich wohl bald zur Leidenschaft auswachsen
sollte – und dann wären die guten Tage vorbei. Es war mir

klar, daß ich die Wahl hatte: abzureisen oder mich mit Haut und Haar in das Unausweichliche zu fügen. Es wurde das Letztere.

Als die Tage gingen und der Herbst nahte, wuchs und reifte unsere junge Sommerliebe, und unsere Seelen verbanden sich miteinander wie zwei benachbarte Bäume ihre Wurzeln und Kronen ineinanderflechten. Und der Wald stand finster und das Sonnenlicht wurde hart und kalt und alle Lichter und Schatten und Linien schärfer, und eines Abends im September, als die Ebene wie ein Märchenland im Mondschein lag, tauschten wir unser erstes stummes Bekenntnis in jenem Blick, der für mich Höhepunkt und Quintessenz aller Liebe ist und gegen den sich alles, was danach kommt, leer und armselig ausnimmt. Jeder Mensch hat wohl einen solchen Augenblick in seinem Leben, den er als seinen besten schätzt und liebt, m e i n e r ist jene Minute, als wir, das Mädchen und ich, uns im Wesen des anderen ausruhten, Auge in Auge. Ich gebe gern meinen ganzen heißen Sinnesrausch und alle meine träge-wohligen Wollustnächte für diesen einzigen tränenverhangenen Blick, der meine Begierde so fein und ängstlich spröde machte, daß sie zu Schmerz wurde.

Wenn ich jetzt auf mein Jugendleben zurückschaue und all meinen Erlebnissen frei gegenüberstehe, so daß ich vergleichen und urteilen kann, dann glaube ich sagen zu können, daß von allen meinen Neigungen diese die stärkste gewesen ist, vielleicht die einzige, die ich mit dem großen Namen Liebe bezeichnen kann. Und doch bedurfte es nur eines kleinen, erbärmlichen Zufalls, um meine Gefühle bis in ihre innerste Seele zu verändern, so als würde schwarz zu weiß.

An einem schönen Septembertag begleitete ich meinen dänischen Freund zu dem Richter des Ortes, der zum Bekanntenkreis gehörte und seine Wohnung in der Nähe hatte. Ein angespannter Wagen hielt vor der Tür; gerade als wir auf den Hof fuhren, kam ein junges Mädchen, von zwei Männern gefolgt, aus dem Büro, und der herbeigeeilte Knecht beeilte sich, uns zu berichten, daß dies die Kindesmörderin sei, über deren schreckliche Tat in der Gegend Gerüchte in Umlauf waren und die Gemüter erregten. Sie war umfassend geständig, und es bestätigte sich, daß sie den Mord ausgeführt hatte, zwar in einem unzurechnungsfähigen Augenblick, aber jedenfalls unter den widerlichsten Umständen. Nun sollte die arme Verbrecherin bis zum Prozeß ins Bezirksgefängnis gebracht werden. Sie trug ein schwarzes, schmutziges Kleid; der Rock hing schief und entblößte auf der einen Seite das Hemd, auf der anderen den ausgetretenen Schuh und einen schmutzigen Strumpf bis hoch an die Wade hinauf. Es war etwas abstoßend Loses und Hängendes in diesem ganzen jungen Frauenkörper. Und das Gesicht... es war das Gesicht, das ich anstarrte, es war das Gesicht, an das mein Blick wie mit einem Pflaster geheftet war, das unheimliche aschgraue Gesicht, aufgeschwollen vom Weinen, streifig von Tränen, in das sich bereits Gewissensqualen und Gemütsbewegungen aller Art entstellend eingegraben hatten... und dann die Augen, mit schwarzen Schatten, rotgerändert, glanzlos, mit einem starren, stierenden Blick, als hätten sie die Missetat ständig vor sich, mit einem Ausdruck wie von einem erstickten Angstschrei. Und neben diesem Gesicht sah ich ein anderes, unschuldig, blühend und rein, aber doch ähnlich; ich konnte nicht sagen worin und weiß es bis heute nicht, aber sie waren einander ähnlich, diese beiden Gesichter, und flossen in eines zusammen, und ich konnte sie nicht mehr voneinander lösen. Wie es im Fundament eines Neubaus den Grundstoff zur Schwammbildung gibt und dieser sich vermehrt und wuchert und sich im ganzen Haus ausbreitet, schleichend, heimtükkisch und hinterhältig, das Mark aus dem Holz fressend, genau so entwickelte sich aus diesem kleinen Samen, den der Zufall gesät hatte, ein giftiges Gewächs, das sich in meinem ganzen Gefühlsleben verzweigte und es verwüstete, vollkommen und unheilbar.«

Der Wagen war umgekehrt, die Dächer und Türme der Stadt zeichneten sich wie scharfe Silhouetten aus schwarzem Papier auf dem rauchig-roten Widerschein der versunkenen Sonne ab. Zwischen ihr und dem kühl weißblauen Himmel über uns zog sich, in beide übergehend, ein schmales seidengrünes Band hin, in dem ein großer, einsamer Stern leuchtete.

»Wozu dient es, wenn man versucht, ein Leben aufzubauen, wenn wir von Mächten beherrscht werden, die wir nicht kennen, wenn wir nicht mehr über unser verborgenes Gefühlsleben wissen als die um uns herum sprießenden und schwellenden Keime und Knospen über die Bildung ihrer Zellen?«

III.

An einem Abend im Mai hatten wir die Neuvermählten, unseren Freund und seine junge Frau, zu dem Schiff begleitet, das sie auf ihre Hochzeitsreise hinausführen sollte. Er hatte wie ein Mensch ausgesehen, dem ein großes Glück widerfahren ist, der in stiller Verwunderung vor all diesen ungeahnten Herrlichkeiten steht und sich selbst nicht wiedererkennt in dieser neuen Welt – es lag eine helle Ruhe in seinem Gesicht, seinen Worten und Gesten. Und sie – sie war wie ein sonnenwarmer Frühlingstag gewesen, an dem das Leben über seine Ufer tritt in der duftenden, prunkenden Fülle der Blumenöle. Als das Schiff aus dem Hafen glitt, war es für uns beide, die wir am Kai zurückblieben, als sei die Sonne hinter einer Wolke verschwunden, als läge weit draußen hinterm Meer ein Märchenland in schlummernder Ruhe, in das die beiden eintreten und das wir niemals sehen würden, und das große Einsamkeitsgefühl des Lebens ergriff uns.

Drei Monate später, an einem Mondscheinabend im August, waren sie zurückgekommen und an derselben Stelle an Land gestiegen, und wir hatten sie empfangen. Da machte er den Eindruck eines friedlosen Menschen, der nahe daran ist, alles aufzugeben, und er hatte einen Zug um den Mund und einen Ausdruck im Blick, als wäre er ständig mit einem Rätsel

beschäftigt, das ihm keine Ruhe ließ, von dem er weder frei-
kommen noch die Lösung finden konnte.

Sie reisten nach Hause, und es verging ein Jahr, und es
vergingen zwei, und wir hörten nicht viel von ihnen. Eines
schönen Tages jedoch kam ein langer Brief, an einen von uns
adressiert, aber für beide bestimmt. Er hatte folgenden Wort-
laut:

Es ist nun Jahre her, seit wir uns zuletzt sahen, und ich
habe Eure freundlichen Briefe kaum mit ein paar armseligen
Zeilen beantwortet; aber Ihr dürft deshalb nicht böse sein,
denn es ist mir in diesen zwei Jahren nicht gut ergangen. Ich
wanderte umher mit einer Unruhe im Blut, die mich auffraß
und meine Seele so empfindlich machte wie ein entblößter
Nerv, und wenn ich einmal zur Feder gegriffen hatte in der
Absicht, Euch zu schreiben, dann warf ich sie schnell wieder
hin und sprang vom Stuhl auf und meinte, daß ich nichts zu
schreiben hätte. Wenn ich es jetzt tue, dann kommt es, weil
mir in diesem Moment schmerzhaft bewußt ist, daß ich hier
als ein Mensch sitze, um den herum alles eingestürzt ist und
ich mich so krank und leer und einsam fühle.

Wir haben es nicht gut zusammen, meine Frau und ich;
aber so schwer ich es auch empfinde, segne ich doch oft die
Stunde, in der ich sie bat, mein zu werden, denn zusammen
mit ihr habe ich das Beste im Leben genossen, wenn auch nur
einige arme Wochen lang. Ich glaube, daß der Mensch, der
das erlebt hat, und sei es nur in einer Sekunde, kein Recht hat
zu klagen, denn er hat ja doch bekommen, was er bekommen
konnte, und das ist im Grunde genug, um das Elend eines
ganzen Lebens aufzuwiegen.

Sie kam mir mit einer Hingebung entgegen, die nichts von
sich selber wußte, einer Hingebung ohne Reflexionen, die ihr
ganzes Wesen beherrschte, Körper und Seele; sie erriet meine

geheimsten Wünsche, ehe sie reif waren, schon wenn sie sich erst schwach in Mienen und Blicken ausdrückten, meine Wünsche in Kleinigkeiten, und sie legte alles für mich zurecht wie für ein Kind. Sie entblößte sich ohne Vorbehalt und ohne sich dessen bewußt zu sein; sie konnte lange sitzen und mich nur ansehen, auf eine Art, die ihre Gedanken besser zum Ausdruck brachte als alle Worte. Und so verheiratete ich mich mit ihr, ohne sie eigentlich mehr zu lieben als ich viele andere Frauen hätte lieben können, denen ich begegnet war – nur weil ich ihre Ergebenheit so rührend fand und sie mir leid tat und ich die Junggesellenverbindungen satt hatte.

Mir war sehr wohl bewußt, wie kalt meine Gefühle und Sinne dieser Liebe gegenüber waren, aber sie wußte in meiner Zärtlichkeit mehr zu finden, als es darin gab, und ich selbst war glücklich, weil sie glücklich war, und so still und ausgeglichen wie noch nie – wie man an einem Sommermorgen sein kann, an einem Morgen mit Lärchengesang und Taufrische und gerade aufgegangener Sonne.

Es hielt zwei ganze Monate an, während wir immer weiter nach Süden kamen und rund um uns der Frühling wogte und blühte. Wir fuhren den Rhein hinauf, ruhten uns am grünen, sonnenfunkelnden Lac Leman aus, eilten durch den St. Gotthard und über den Südhang der Alpen, vorbei an schäumenden, wie weiße Schleier am Fels befestigten Wasserfällen, hinaus auf die lombardische Ebene, diesen unüberschaubaren Komplex von Gartenanlagen, über den die Städte wie Villen hingestreut liegen. In all diesem wechselnden Gewimmel von Menschengesichtern und Naturszenerien, flüchtig und en passant durch das Fenster des Bahnabteils, vom Deck eines Dampfboots und den Tables d_hote der Restaurants gesehen, wurden wir immer inniger miteinander verbunden. Es war, als hätten wir Blut getauscht; ich lief umher in der Sonntagsstimmung eines Kindes, in einer frohen Ruhe, und etwas Gutes stieg in mir auf, wie wenn ein morscher Baumstumpf einen neuen Sproß treibt.

Eines schönen Morgens Ende Juni gingen wir in Bellagio an Land, einer kleinen Stadt, die an der steilen Landzunge emporklettert, um die der Comosee seine blauen Arme schlingt. Wir fühlten uns dort so wohl, daß wir uns ruhig niederließen; wir streiften auf den Höhen umher oder liefen an den Stränden entlang und ließen die Tage kommen und gehen, ohne daß wir merkten, wie die Zeit verstrich. Nachmittags pflegten wir eine Weile unten am See gegenüber dem Hotel unter Bäumen zu sitzen; die Hitze hing so schwer und dicht in der Luft, daß man die Kühle in dem grünen Halblicht doppelt fühlte. Eines Tages fanden wir unsere gewohnten Plätze von einem eben angereisten Paar eingenommen, das mir bereits an der table d'hôte aufgefallen war. Er sah aus wie ein englischer Offizier, und die junge Dame war augenscheinlich seine Tochter. Sie hatte eines jener Frauengesichter, die mit der sanftweichen Rundung ihrer Linien an zarte Kameen erinnern und denen der Kontrast von großen dunklen Augen in Pastell und mattblondem fülligem Haar einen Zug erlesener Seelenfeinheit verleiht, ähnlich der besonderen Farbnuance an einer gewöhnlichen Blume. Und neben diesem Antlitz, mit einer Haut wie das mehlige Fruchtfleisch des Astrachanapfels, sah ich das Gesicht meiner Frau, rundlich und blühend und trivial wie das eines Kindes. Und ich fühlte angesichts dieser Landschaft aus tiefblauem Wasser und weißem Sonnenlicht wie von geschmolzenem Silber und blauweißen Villen in üppig dunklem Grün, angesichts dieser Landschaft, die so leicht und hell war wie ein Morgenschlummer, wenn die Sonne durch die Rollgardine scheint – ich fühlte, daß die eine dieser beiden Frauen, geschmeidig und verfeinert in Intelligenz und Gefühl, die Essentia dieser Landschaft, ihr zartestes Aroma und ihr flüchtigstes Bouquet genießen konnte, wie man ein seltenes Parfüm oder einen alten Wein genießt, während die andere sich darauf stürzte wie ein hungriges Kind, das sich gierig und ungeduldig sättigt.

Ich empfand es fast wie eine große Enttäuschung, die mir schwer zusetzte und sich in mich bohrte, und dann war mir, als ob sich Bänder lösten und ich aus dem fremden Wesen, in dem ich aufgegangen war, in mich selbst zurückwuchs. Ich fühlte mich selbst wieder so, wie ich früher gewesen war, ich bekam mein altes Wesen und meinen alten Blick zurück, alles um mich herum erstand aufs neue, ein Licht erlosch in mir und vor mir; es war wie wenn eine Nummer im Konzertsaal zu Ende ist, der alle in Dunkel und Schweigen gelauscht haben, und es hell und lebendig wird. Aber vor allem hatte ich diesen Eindruck, als ob sich etwas, mit dem ich verwachsen gewesen war, an allen Seiten von mir löste, als wäre ich aus einer rein physischen Umarmung aufgestanden, und ich fühlte mich beschämt und lächerlich und voller Ekel wie nach einer intimen Nacht mit einer fremden Frau.

Wir reisten hin und her, und sie wurde für mich immer mehr zu einer Unbekannten, die mir unterwegs Gesellschaft leistete und deren Fahrkarten und Übernachtungen ich bezahlte. Ihr lauter Enthusiasmus bei allem, was uns begegnete, drang wie ein schiefer Ton in meine raffinierten Stimmungen. Er genierte mich, und ich fand ihn kindisch; ihre aufdringliche Hingebung schien mir unfein und grotesk, und ich reagierte wie auf eine billige Ware, die man annimmt, weil man nicht gut nein sagen kann. Ich wurde ihr gegenüber immer reizbarer und ironischer und konnte ihr beim besten Willen der Welt nicht mehr geben als der ersten besten Frau, die einem in den Weg kommt. Natürlich blieb ihr nicht lange verborgen, daß ich anders gegen sie war als früher. Anfangs setzte sie ihre ganze arglose und unkomplizierte Natur dagegen und betrachtete alles als Bagatellen und zufällige Ausbrüche schlechter Laune, die sie nicht besonders ernst nehmen wollte. Später, als sie merkte, daß ihre Gefühlsausbrüche und Zärtlichkeitsbezeugungen stets von meiner Kälte zurückgewiesen, bis aufs Blut verwundet und wie wertloser Tand weggeworfen wurden, konnte ich registrieren, wie sie sich zu wundern begann und mich mit dem langen, erstaunten Blick eines Kindes ansah, der meinem schlechten Gewissen weh tat. Dann, als sie zu der Gewißheit gelangt war, daß es sich um eine ernste Angelegenheit handelte und ich sie mit mir herumschleppte wie eine nutzlose Reisetasche, kalt, mechanisch und ungern, wie man einer lästigen Pflicht nachkommt, zog sie sich in sich selbst zurück, und ich sah sie oft vor sich hinstarren, mit einem hilflosen, gequälten Ausdruck, als grübelte sie über einem Rätsel und könnte die Lösung nicht finden. Schließlich, als wir hierher in unser Heim auf dem dem Land zurückgekehrt waren und meine Reizbarkeit und Ironie einmal noch plumper und verletzender als sonst spürbar wurde, vollzog sie gleichsam in Sekunden einen letzten Gedankenüberschlag und eine plötzliche radikale Veränderung in ihrem innersten Gefühlsleben. Es schien mir, als hätte sie ihre ganze starke Natur in dem Blick stolzer und resoluter Verachtung gebündelt, den sie auf mich richtete und seitdem mir gegenüber beibehalten hat und den ich wie einen Stich spüre, halb aus boshaftem Trotz, halb aus schmerzlichem Mitleid.

Es war schon draußen peinlich gewesen, obgleich wir es da weniger spürten; der häufige Wechsel von Menschen und Natur hatte immer etwas Neues geboten, das unsere Blicke und Gedanken in Beschlag nahm, und wir konnten dabei jeder für sich in seiner eigenen Welt leben, ohne ständig zu einer intimen Zweisamkeit gezwungen zu sein, in der man sich von Angesicht zu Angesicht Rechenschaft ablegen müßte. Aber es wurde unerträglich, seit wir hier draußen in der Einsamkeit unter uns und Tag für Tag ausschließlich aufeinander konzentriert sind. Wozu sollte eine Erklärung wohl gut sein? Sie wird mich doch nicht verstehen, da ich mich ja nicht einmal selbst verstehe; denn was weiß ich schon von dem Prozeß, der in mir abgelaufen ist, worin er besteht oder wodurch er bewirkt wurde; er ist wohl nichts anderes als eine naturnotwendig hervorgerufene Umformung meiner physischen Gefäß- und Zellensubstanz, eine Disposition, die eine unwillkürliche Auswirkung einer gegebenen Ursache ist, die nicht beobachtet und beschrieben und durch nichts verhindert werden kann. Aber ich sehe, daß sie irgend etwas von mir erwartet, und ich leide darunter; ich suche mit gierigen, gespannten Gedanken nach einem Ausweg und finde keinen. Unser zukünftiges Leben liegt vor mir wie ein rätselhaftes Lächeln, und ich muß die Augen schließen, um nicht zu sehen – aber ich sehe doch.

Für uns beide ist das Leben aus dem Gleis geraten; eine Bagatelle, eine Unsinnigkeit hat das bewirkt. Ich kann das Leben nicht hassen und nicht verachten, mein Hohn verstummt und das Lachen erstarrt mir auf den Lippen. Im Mittelpunkt des Daseins sitzend, fühle ich nur Grauen, denn es scheint mir die ganze Zeit, als begegnete ich dem unheimlichen, schielenden Blick eines Wahnsinnigen, dem wir alle wie Nachtwandler blind und unbewußt folgen müssen.

IV.

Es war auf dem Dampfboot, das von Luzern nach Süden geht, an einem Morgen Anfang Juni. Die Stadt lag schon eine gute Strecke hinter uns, elegant, luftig, zierlich wie ein Arrangement nagelneuer Spielzeughäuser in einem Schaufenster oder ein Stück lecker durchbrochener Zuckerbäckerarchitektur; der Vierwaldstätter See wand sich zwischen immer steileren Felswänden hin. Die Lüfte, die oben über den Bergkämmen und Alpengipfeln spielten, sättigten sich mit der Kühle des ewigen Schnees, bevor sie die dunkelgrünen Schluchten hinabglitten und als kecke Brise über das kleine grasgrüne Becken unten in der Tiefe hinwegstrichen, das kleine Ding überholend, das gleich einem Punkt mit einem Schweif auf dem Wasser dahinschoß.

Das Oberdeck unter dem flatternden, schlagenden Sonnensegel war voller Menschen – eine wunderliche kosmopolitische Gesellschaft en miniature, wie sie sich in der großen internationalen Pension, die Schweiz heißt, in jedem Eisenbahnzug, auf jedem Schiff immer wieder auflöst und von Neuem bildet. Ich saß auf einem der Plätze in der Mitte. Schräg gegenüber, auf der umlaufenden Bank, bemerkte ich ein junges Paar, das mit mir im Zug von Lausanne nach Luzern gereist, im selben Hotel eingekehrt war und jetzt die Fahrt auf dem selben Dampfboot fortsetzte. In die Anmelde-

liste des Hotels hatte er sich als Lehrer aus einer kleinen
norddeutschen Küstenstadt eingetragen, und aufgrund einer
ganzen Serie von Beobachtungen war ich zu dem Schluß
gekommen, daß es sich um Jungverheiratete auf Hochzeitsreise handelte.

Er stand aufrecht, das Gesicht in den Baedecker gesteckt,
sie hatte daneben Platz genommen und sah auf die Landschaft hinaus, den Ellbogen auf dem Geländer, das Kinn auf
die flache Hand gestützt. Wie sie mir so gegenübersaß, strahl-
te sie jene keusche Ruhe und plastische Reinheit aus, die mir
vom ersten Augenblick an ihr aufgefallen waren. Ihre Haltung wies die selbe unbewußte Vornehmheit auf, die Brust
die selbe feste Rundung, das Profil die selben regelmäßigen
Linien; und als sie mir einmal das Gesicht zuwandte, begegnete ich jener Art von Augen, die einen lange, ruhig, fest und
direkt ansehen, mit einer gewissen noblen Ungezwungenheit,
einer gewissen natürlichen Offenheit, einem gewissen ehrli-
chen, verhaltenen Zutrauen, in dem viel Bittendes liegt. Er
dagegen gehörte zu jenem Typ, der halb Pedant, halb Scharla-
tan zu sein scheint; seine Gestalt war schlaksig, die Kleider
hingen locker an ihm und paßten schlecht. Sein fettiges, weiches, schwarzes Haar war dicht im Nacken und hing über
den Kragen; am Scheitel dagegen war es gelichtet, mit kahlen
Flecken am Wirbel und an der Stirn. Sein Gesicht hatte etwas
von der glatten Weichheit eines Pilzes, mit einem dünnen
Vollbart und stechenden, kurzsichtigen Augen hinter der
Brille.

Er hielt die Nase tief in den Baedecker gesteckt, zwischen-
durch hob er den Kopf, kniff die Augen zusammen, so daß
sich in den Winkeln kleine Fältchen bildeten, blinzelte kurzsichtig nach irgendeinem gesuchten Punkt in der Umgebung
und richtete dann einen historischen oder topographischen

Kommentar an seine Frau, den er durch seinen dozierenden Ton gleichsam unterstrich, um dessen Gewicht und Interesse richtig zu betonen. Sie nickte zerstreut oder ungeduldig, und ich bemerkte, wie jedes Mal, wenn er den Kopf hob und hinausspähte, ein dunkler Schatten, ein schmerzhaftes Zukken auf ihrem Gesicht erschien, noch ehe er ein Wort gesagt hatte, als wisse sie im voraus, was kommen sollte und litte unter dieser Erwartung. Ich beobachtete das mehrmals, und es kam mir vor, als läge die ganze Geschichte dieser Ehe und das Lebensschicksal dieser jungen Frau in diesem kleinen, scheinbar so unbedeutenden Zug wie die Pflanze im Samen; ich fühlte mich plötzlich in den Mittelpunkt des Lebens dieser beiden mir völlig fremden Individuen versetzt. Und während sich das Dampfboot durch die schmalen, grasgrünen Wassergassen des Vierwaldstätter Sees wand, an immer steileren Steinwänden vorbei, während zur Rechten der Pilatus seine feinen, kahlen, zackigen Spitzen aufreckte und zur Linken der Rigi seine mächtigen grünen Hänge präsentierte, saß ich in diesem Mittelpunkt und sah dieses Leben sich vor mir ausbreiten, ein Bild, ein Interieur nach dem anderen, und keine Seelenregung oder Gefühlsnuance dieser Frau entging mir. Mir war, als hätte ich sie bereits als junges Mädchen gekannt und mein ganzes Leben mit ihr verbracht und deshalb dieses schmerzliche Zucken verstanden, das jedesmal in ihr Gesicht trat, wenn er aus seinem Baedecker auftauchte und mit seinen kurzsichtigen Augen zwinkerte und seine historischen oder topographischen Kommentare an sie richtete. Ich war überzeugt, daß wir zwei uns wie gute alte Freunde verstanden hätten, wenn ich aufgestanden wäre und wir einen Blick getauscht und einander die Hände gedrückt hätten.

In Gedanken sah ich sie durch die schmalen, gewundenen Straßen ihrer Geburtsstadt spazieren, mit Häusern aus allen

Stilepochen bis hin zu den hanseatischen Treppengiebeln und den überhängenden, mit phantastischen Balkenschnitzereien verzierten mittelalterlichen Obergeschossen – sie geht quer über den großen Markt, der öde und menschenleer in der Sonne liegt, zum Hafen hinunter auf die Mole, wo sie stehen bleibt und, an die Kaimauer gelehnt, aufs Meer hinausschaut; eine Silhouette gegen den bleichen Himmel. Es ist Abend, die Sonne steht tief und wird bald untergehen, die Möwen kreisen und schreien, und die Ostsee dehnt sich weit in spielenden grünen Reflexen. Und ihre Jungfrauenseele ist wie diese sonnenhelle, wechselnde, unendliche Oberfläche, über der die Möwen kreisen und schreien – weit, leer, friedvoll, mit sanften Gefühlswechseln und kreisenden, verhalten rufenden Gedanken, die gleich wieder verstummen und ruhen.

An den Herbstabenden sitzt die Familie um die Arbeitslampe in dem großen, niedrigen Wohnzimmer, das schmale Fenster hat und in einem altertümlich eleganten Stil möbliert ist, der an den Duft von Winteräpfeln denken läßt. Die Frauen am Tisch arbeiten schweigend, der alte Konsul hält sich mit seinem Lehnstuhl etwas abseits im Schatten und genießt sein Abendpfeifchen. Nur selten fällt ein Wort schwer in das Schweigen wie in einen Abgrund und wird von der Stille gleich doppelt dicht umschlossen; stoßweise schmettern Regenschauer gegen die Scheiben, und der Wind stürmt von der See heran, wirft sich gegen die Wände und heult im Schornstein, als wolle er herein. Ab und zu hebt sie den Kopf und streckt den Arm, der im Ellenbogen vor Ermüdung schmerzt, läßt die Arbeit in den Schoß sinken und lauscht mit ängstlichem, verwundertem Blick, denn ihr ist, als hörte sie etwas mahnen und warnen, als wartete eine Gefahr auf sie oder als sollte sie etwas Unwiederbringliches verlieren, als vernähme sie in sich selbst dieses leise, wunderliche Winseln und diese plötzlich erstickten Schreie, mit denen der Sturm da draußen in der Nacht über die Stadt hinfegt.

Eines Abends dann sitzt er mit in dem Kreis um die Lampe in der Mitte des großen, niedrigen Zimmers. Der alte Konsul raucht hinten im Halbschatten seine Pfeife, die Frauen haben sich über ihre Handarbeiten gebeugt, und er erzählt. Dann und wann hebt sie das Gesicht und sieht ihn mit ihrem langen, offenen Blick an. Er ist ganz anders als die jungen Herren in ihrer Stadt, seine Art ist freier und respektvoller zugleich, er hat den ganzen Abend lang kein Wort über Wind und Wetter verloren, er kommt direkt aus der großen Welt in ihren abgelegenen Winkel und spricht über lauter große Themen und nicht über Gewöhnliches, Banales; er behandelt die schwierigsten Wissenschaften wie das ABC und erwähnt die großen Männer, als gehörten sie zu seinem täglichen freundschaftlichen Umgang. All das Geheimnisvolle und Unfaßbare, woraus das Leben draußen in der Welt für sie besteht, was sie sich nicht einmal hat vorstellen können, was sie aber dennoch mit unbestimmter Wehmut und Unruhe erfüllt, so oft sie daran denkt – das kommt ihr auf einmal so wunderbar nahe, daß sie fast glaubt, mitten darin zu sein und anfängt, sich ganz vertraut damit zu fühlen. Und das ist durch ihn gekommen, und ohne daß sie selbst das Geringste davon merkt, verschmilzt es mit seiner Person, so daß sie es unbewußt nicht mehr von ihm trennen kann. Und im selben Maße, wie sie in dieses neue Leben hineinwächst, das durch sein Erzählen immer fruchtbarer um sie sprießt, wächst sie an ihm fest, gewiß wie an etwas Unpersönlichem – im Grunde nur an ihren eigenen Träumen – aber sie wächst doch fest an ihm, und als ihr eines Tages die erste neckende Andeutung durch eine der Schwestern gemacht wird, empfindet sie Stolz, ungefähr wie über ein wohlverdientes Lob.

Die Hochzeitsnacht, die Reise zu zweit, nur ein paar armselige Tage – und wie sie nun da sitzt auf dem Dampfboot über den Vierwaldstätter See, den Ellenbogen aufs Geländer, das Kinn auf die Handfläche gestützt, fragt sie sich, ob sie noch derselbe Mensch ist, der vor kurzem zu Hause bei Vater und Mutter in der kleinen, abgelegenen Stadt an der Ostsee spazieren ging, oder ob er sich verändert hat – wie er da steht, das Gesicht im Baedecker vergraben, mit seiner schlaksigen Gestalt, seinem schlecht sitzenden Anzug, seinem fettigen Kragen, seinem schwammigen Gesicht und seinen kurzsichtig blinzelnden Augen. Jetzt, wo sie sich selbst mitten zwischen den Wundern der Natur aufhält und das Leben der großen Welt sich um sie regt und sie alles mit eigenen Augen sieht und all das in so intimer Nähe und aus erster Hand hat, daß sie nur die Hand auszustrecken braucht, um die Quintessenz davon mit den feinsten Nerven genießen zu können – jetzt trennt sich, was vorher e i n s war, jetzt trennt er sich ab, als gehörte er nicht dazu, und ist zugleich nicht mehr derselbe, sondern ein anderer, den sie nie gekannt hat, eine eklige Raupe, die ihr weich und kalt über die Haut kriecht, ein fremder Mensch, den sie verabscheut, in der Nacht ein brutales Tier, am Tag ein pedantischer Schulfuchs mit einem Gehirn voller historischer und topographischer Fakten, schön in Fächer und Schubladen geordnet. Tagsüber quält sie sich in nervösem Warten auf seine nächste Glosse, und abends, wenn sie zu Bett gegangen sind und es im Hotel still geworden ist, krümmt sie sich in angstvollem Ekel, wartend auf den Augenblick, da sie sein kaltes, weiches Gesicht wie einen klebrigen Wurm auf ihrem spüren wird und seine tastende, zitternde Hand... Sie ist wie ein Mensch, der sich im Traum verfolgt glaubt und rennt und rennt, um sich zu retten, und doch nicht von der Stelle kommt, der rufen will, aber den Mund nicht öffnen kann – – – Und wie ich so da drinnen im Mittelpunkt ihrer Persönlichkeit und ihres Lebensschicksals saß, sah ich nicht nur zurück, sondern auch in die Zukunft – ich sah, wie das schmerzliche Zucken sich allmählich in dieses junge, edle Gesicht graben und zu zwei scharfen Kummerfalten um den Mund werden würde, die man nie wieder glätten kann, ich sah, wie sich der Ausdruck dieses klaren, sinnenden Blicks immer mehr aus der Leidensquelle speisen würde, die in ihrem innersten Wesen mit einer nie versiegenden Ader zu fließen begonnen hatte, und ich sah, wie dieser Blick sich in einer stummen, fragenden Hilflosigkeit verdunkeln und vertiefen würde, als wäre der Vorhang zum Allerheiligsten ihrer Seele durch brutale, schändende Hände von oben bis unten zerrissen – – –

Sie waren in Vitznau an Land gegangen, um auf den Rigi zu fahren und den Sonnenaufgang zu sehen.

V.

Was ist das, diese endlose Furcht, diese Beklemmung der Seele, dieser brennende, bis ins Innerste vordringende Schmerz, der weh tut, wie wenn in einer frischen Wunde die Fleischfasern um das scharfe Instrument zittern, diese allgemeine L e - b e n s a n g s t, an der so viele der heutigen Generation zu tragen haben – was ist das, worin besteht ihr Wesen, was ist ihre Ursache? Eine rein physiologische Disposition, heimliche Krankheitsprozesse im Blut und den Nerven? Ja, aber was sind das für finstere Räume, in denen der innere Blick so angstvoll nach einer geahnten Gefahr und Bedrohung sucht, was ist, präzisiert, die Substanz jenes abnormen, aber konstanten Seelenzustands, wo ist die verborgene Giftquelle, aus der er seine Nahrung saugt, was ist das für ein monströser Parasit, der sich am Mittelpunkt des Gefühlsorganismus festgesaugt hat und dort seine Eier und seine Brut ablegt? Ist es die Vergänglichkeit, die dem heutigen Menschen näher gekommen ist, ist es der Tod, der ihn wie der eigene Schatten verfolgt, den er ständig hinter sich herschleichen hört und dessen eiskalten Hauch er im Nacken spürt, der Knochenmann, der seine weißen zahnlosen Kiefer und seine leeren schwarzen Augenhöhlen an sein Gesicht drückt? Oder ist es das Schicksal, das verrückte und boshafte Schicksal, das sein Medusenhaupt vor dem modernen Fatalisten erhebt? Oder der konkrete Anblick des Kampfes ums Dasein, des voranrollenden Riesenwagens der Zeit und der Millionen totgetrampelter Menschenwürmer? Ist es vielleicht das kranke Wesen des Universums, das der moderne Mensch mit seiner geschärften Sensibilität in sich selbst empfindet?

Der Person, aus deren Leben ich hier eine Episode schildern möchte, hatte die Lebensangst all das weggefressen, wodurch ein Mensch ins Leben und mit ihm verwachsen kann. Es war, als hätte ein schwammiger Keimstoff im Samen des Vaters und im Eierstock der Mutter gelegen und sich nach der Befruchtung mit dem Embryo zu einem Organismus entwickelt. Er breitete sich im ganzen Zellgewebe aus und wurde so vollständig resorbiert, daß er mit feinen Wurzelfasern an jedem Produkt, jeder Wahrnehmung, jeder Gemütsbewegung, jeder Stimmung, jedem Willensakt und Handlungsansatz beteiligt war. Besagte Person, ein Er, hatte die Kindheit mit fieberhaftem und ängstlichem Grübeln und die Jugend mit krankhaften und ohnmächtigen Griffen nach dem Jetzt verbracht; er wollte es mit seinem ganzen Wesen genießen, sich darin zur Ruhe legen wie der Vogel in seinem Nest, sich darin so unbekümmert bewegen wie der Fisch im Wasser. Aber es zerfiel ihm stets unter den Fingern, es war wie die Qualle, die zart aus der Tiefe leuchtet und plötzlich nur noch eine schlammige Masse ist, die du in deiner Hand hältst. Es war ihm immer, als hätte er dieses oder jenes vergessen, was noch zu erledigen war und woran er sich bei aller Anstrengung nicht erinnern konnte; es schien ihm, als wartete etwas auf ihn, er wußte nicht, was es war, aber etwas da draußen im Leben und in der Zukunft, das sein Unglück werden würde und das er bereits im voraus wie eine Brandwunde in seiner Seele spürte. Dieses Gefühl steckte in ihm wie flackernde Glut, er wurde es nie los, nicht einmal für den Bruchteil einer

Sekunde, denn auch als es noch nicht zu bewußter Angst geworden war, lag es als eine nervöse Beklemmung schwer und zitternd unten im Unbewußten. Er konnte anstellen, was er wollte, in der Arbeit oder beim Vergnügen, sein ganzes Wesen in der Tätigkeit des Gehirns oder der Sinne konzentrieren – dennoch, vielleicht gerade in dem Augenblick, da all die scharfen Gedanken sich in einer einzigen scharfen glänzenden Spitze als dem angestrebten Brennpunkt konzentriert hatten oder der Stoff in der Werkstatt des Gehirns weißglühend zur Formgebung bereit lag, vielleicht mitten im intimsten Geschlechtsverkehr, konnte sich die Angst in ihm erheben und ihn paralysieren, und er fühlte sich mit einem Mal leer, kalt, matt, ungefähr wie beim Aufwickeln auf eine Winde – plötzlich schlägt die Kurbel zurück, und die Kette hängt schlaff. Nachts wachte er davon auf, daß die Seele sich krümmte und unter dieser Angst stöhnte; Halluzinationen leuchteten überscharf vor ihm auf und erloschen lautlos wie ein Wetterleuchten vor dem nahen Gewitter; es war, als ob die ganze stumme Finsternis um ihn herum aus einer einzigen kriechenden Masse bestände, als ob der Geist des Daseins auf dem Kopfkissen säße, flüsternd und kichernd wie ein Wahnsinniger. Wenn er gerade gemütlich in einer Runde oder Gesellschaft saß, mitten in einem Gespräch, an dem er voller Interesse teilnahm, konnte es passieren, daß die Angst sich unverhofft geltend machte, und dann schien es ihm, als ob ihn etwas von weither mahnte und rief, etwas, das Unglück bedeutete, etwas, an das er denken, nach dem er sehen sollte. Sie breitete sich wie ein Krebs in seinem ganzen Seelenleben aus und bewirkte, daß sein Gefühlsmechanismus zum Stillstand kam oder abnorm funktionierte. So kam es, daß er die Freude fürchtete, die sein Gehirn bis zum Schwindel erhitzte und seine Nerven bloßlegte und bald eine Kehrseite offenbarte, die Angst hieß und jederzeit Qualen für ihn bereithielt, während er Kummer und Mißerfolge in schmerzlicher Zärtlichkeit an sich drückte wie das Weibchen seine kranken Jungen. Die Angst tröpfelte ihr Gift sowohl in die kleinen Bagatellen des Alltag als auch in die großen Wendepunkte seines Schicksals. Wie in alles andere fraß sie sich auch in seine Liebe hinein, und davon will ich hier erzählen.

Er glaubte, so weit gekommen zu sein, kritisch über jedem Faible für das Geschlecht zu stehen und sich rechtzeitig zurückziehen zu können, denn er war schon mit sehr jungen Jahren ins Leben getreten und nun bald dreißig – da lief ihm während eines Sommeraufenthalts in einem kleinen, entlegenen smaländischen Kurort eine junge Frau über den Weg, die ihn noch einmal von den Toten aufwecken und lehren sollte, daß Gott Amors Wege stets gleichermaßen unberechenbar sind und noch einmal das ganze reichlich qualvolle Gefühlschaos zu Licht und Leben herauslockte, das die wirkliche Leidenschaft ist. In Übereinstimmung mit einem zwar eigentümlichen und unerklärlichen, aber dennoch ziemlich häufigen psychologischen Phänomen war die Frau, an die ihn die Leidenschaft so fest band, dem äußeren wie inneren Wesen nach sein völliger Gegensatz. Er selbst, mit seiner schmächtigen Figur, seinem Mignongesicht und seiner fast pedantisch gepflegten Kleidung, erinnerte an ein feines Stück sächsischen Stück sächsischen Porzellans, während sie dem Frauentyp aus konzentrierter Kraft und unterdrückter Leidenschaft angehörte, mit Formen, die beinahe die harte Elastizität von Stahl aufwiesen, füllig und fest zugleich. Ihr edles Haupt saß auf einem starken Hals, linienfein modelliert zwischen zwei etwas hochgezogenen Schultern, die der Büste eine gewisse Kompaktheit verliehen. Schwarzes, glanzloses, seitlich gescheiteltes Haar fiel über eine dieser niedrigen feinen Stirnen, die bezeichnend für Frauen sind. Die untere Gesichtspartie mit dem Flaum auf der Oberlippe war besonders entwickelt; sie hatte dunkelgraue, nicht große Augen, deren trübe Glut auf ein reges Geschlechtsleben hindeutete. Etwas charakteristisch wollüstig Zögerndes lag in Gang und Bewegung, Wort und Blick. Es dauerte natürlich nicht lange, bis er mit seinen in solchen Dingen erfahrenen Blicken und geschärften Gedanken merkte, daß sie alles sah, was in ihm vorging, und ihn ihrerseits gern hatte. Aber bereits jetzt, in diesem ersten Stadium der Verbindung, bevor irgendein Versprechen oder Zeichen gegenseitigen zärtlichen Verstehens mit einem Wort, einem Blick, einem Händedruck gegeben worden war, mischte sich ein Gefühl von Furcht und Unlust in die allgemeine Stimmung, die bei solchen Gelegenheiten aufkam und sekundenschnell durch sein ganzes Wesen strömte und warmem Licht und plötzlich aufklarendem Himmel glich, so daß er ein ums andere Mal konstatierte, sie beide, er und sie, seien einander nun näher gekommen als im Augenblick zuvor.

Etwa zehn Personen der Kurgesellschaft waren an einem heißen Tag mitten im Hochsommer auf der üblichen Vormittagspromenade; man passierte die Schranke am Waldrand, wich vom Hauptweg ab und streifte ziellos im Nadelwald umher, hierhin und dorthin, zu zweit oder in kleinen Gruppen. Er und sie hatten sich, wie immer rein instinktiv, gleichsam auf Grund einer stillen Übereinkunft, ein Stück hinter den anderen gehalten, um mehr für sich zu sein und niemanden im Rücken zu haben, der sie ausspionierte. Bald waren alle in ihre Richtungen verschwunden, die beiden spazierten einsam auf einem Pfad, der sich um die Stämme wand; der Wald, endlos nach allen Seiten, war wie eine einzige Riesenhütte mit niedriger Decke. Die Luft schien drückend; die Stämme standen wie massive Pfeiler, die jenes gewaltige Dach

trugen, durch das der Sonnenschein spielerisch Flecken und
Streifen auf die braunen Rinden und Nadeln warf, die den
Boden als dichter, weicher Teppich bedeckten. Sie liefen lange, ohne ein einziges Wort zu wechseln, mit erregten Sinnen
und kochenden Gefühlen, bis sie schließlich auf einem Hügel
wie unfreiwillig stehen blieben. Vor ihnen lag, wie eine
schimmernde Glatze, eine sonnige, heidekrautbewachsene
Lichtung mitten im Dunkel des Waldes; es war ganz still um
sie herum, und sie waren allein, die beiden, er und sie; und sie
fühlten es: Es war, als wären alle auf der Welt gestorben und
sie beiden die einzigen Menschen, er und sie, wie Adam und
Eva im Paradies. Das Schweigen und die Hitze und der
trockene, süßliche Duft des Heidekrauts hüllten sie ein wie
ein dicker Mantel und schoben sie eng aneinander; die ganze
komplizierte Apparatur der Zivilisation surrte schwindeler-
regend los wie ein Propeller in der Luft, während unten in der
Tiefe der einfache Mechanismus des Urwesens schwer und
stöhnend arbeitete und etwas in ihnen aufstieg, etwas warm
Saugendes, die ungebändigte Geschlechtslust des Tieres, des
Männchens und des Weibchens, wie bei unseren ersten Vor-
fahren, die umherstreiften und sich im Urwald paarten. Daß
er seinen Arm um sie gelegt und in leidenschaftlicher Hinga-
be ihren Namen geflüstert hatte, merkte er erst, als es bereits
geschehen war und sich ein fester, fülliger Frauenkörper
schwer an seinen eigenen preßte. Er fühlte ein warmes Gesicht und einen feucht zitternden Mund auf seinem und sah in
ein Paar weitaufgerissene brennende trübe Augen. Es hätte
nur noch einer einzigen schwachen Sekunde, eines einzigen
Hitzegrades mehr, einer einzigen kleinen Bewegung am
Zünglein der Waage bedurft, dann hätten sie sich auf die Erde
geworfen und einander brutal befriedigt. Aber da war etwas,
das mit einem Mal den Nebel um sein Gehirn zerstreute und

ihn zurückscheuen ließ, und als er später über dieses Etwas nachdachte und seinen Seelenzustand analysierte, in jenem entscheidenden Augenblick und auf dem Rückweg, den sie eng umschlungen antraten, wobei sie ihn in stummer Verzückung ansah und immer wieder stehen blieb, um ihn zu umarmen und ihre feuchten, bebenden Lippen auf seine zu pressen, entdeckte er in dessen innerstem Inneren, als dessen Kern und Herz, die Furcht – wovor? – vor allem und vor nichts, die Stimme, die dicht an seinem Ohr warnend und leise seinen Namen nannte, die L e b e n s a n g s t .

Und so blieb es auch späterhin, als sie wieder mit den anderen zusammen waren; wenn er so stumm dasaß und sie um sich herum plaudern hörte, hatte er plötzliche schauerartige Anfälle von Wollust und wußte, daß etwas in ihm war, von dem sie nichts ahnten und das sie nicht kannten, und daß er mit seinem großen heimlichen Glück einsam unter ihnen war. Aber es war doch etwas, das angesichts ihrer munteren Unbekümmertheit in ihm fraß, ein Gefühl des Unbehagens, ein nagendes Bewußtsein, daß er ein Unfreier war, nach wie vor gebunden, und daß er auf eine ganz bestimmte Art handeln mußte, ohne eine Möglichkeit, anders zu agieren, falls ihm danach war. Und oft, wenn er ihrem Blick begegnete, gesättigt von Jubel oder Träumerei, spürte er einen Groll in der Seele, und es verletzte ihn, was er in ihrem Blick las – ihr inniges Bewußtsein, daß ihr Leben unwiderruflich mit seinem verknüpft war. Und sie saß da und glaubte ganz selbstverständlich, wie konnte es auch anders sein, daß er ebenso fühlte wie sie – und er zog sich in sich selbst zurück, in schützende Angst, wie der erschrockene und mißhandelte Igel. Am Abend, draußen im kühlen, zauberischen Mondschein, löste sich diese peinliche Stimmung in einer kalten Ruhe auf, aber wenn er dann nachts ganz mit sich allein war, kam der Rückschlag, plötzlich und heftig, und der eisige Schrecken, der ihn angesichts dieser schrankenlosen inneren Angst ergriff, ließ ihn fast ohnmächtig werden – wie wenn es draußen finster ist und man in seinem Zimmer gedankenverloren auf und ab geht und beim Umdrehen unverhofft ein fremdes Gesicht hinter der Fensterscheibe entdeckt.

Mit jedem Tag, der verging, wurde dieses Angstgefühl schärfer und ätzender, vor allem, seit die Verlobung bekanntgegeben und der Hochzeitstermin festgelegt worden war. Zu diesen beiden Anlässen hatte es sich in ihm wie eine gewaltige Woge erhoben, die sich wohl brach und zurückrollte, aber seitdem wie aufgewühltes Wasser in seiner Seele lag und sich, immer höher, immer breiter, jedesmal wieder auftürmte, wenn ihn seine Braut oder jemand anders mit etwas konfrontierte – einem vielsagenden Lächeln, einer Anspielung, einer Arbeit für die Aussteuer, neugierig forschenden Blicken, allen möglichen Bagatellen – mit all dem, was den Knoten enger zusammenzog und ihm die endgültige, unlösbare Verbindung näher brachte. Das Mark seiner Liebe wurde verzehrt, Partikel für Partikel; in ihm gab es nur noch die fixe Idee, daß er an sie gebunden war und daß ein Unglück vor der Tür stände, das auf sie wartete, und daß er sich deshalb losreißen müßte. Und in den Stunden, da sich die Angst müde gearbeitet hatte und seine gepeinigte Seele zusammenfiel, schien es ihm, als stände er außerhalb des Ganzen, als ginge es *ihn* überhaupt nichts an, als habe er nichts damit zu schaffen. Und aus diesem Bewußtsein, daß das Auflösungswerk auf diese Weise aus sich selbst heraus vollendet werden würde, bezog er den einzigen Balsam für seine Seele, die ansonsten wie eine einzige Wunde war, in der stündlich gestochert und geschnitten wurde.

Es war Spätsommer geworden und der letzte Tag, den sie

hatten, um zusammen zu sein. Sie saßen auf der Bank vor der Veranda, drinnen im Zimmer wurde Piano gespielt, unten lag die Erde wie ein kleines flaches dunkles Rondell, und oben erstreckte sich der Himmel wie ein großes helles Gewölbe. Der rote Vollmond mit seinen Rußflecken erhob sich kreisrund über dem Waldrand, und über der Landschaft hing jene schwere Ruhe, die wie ein stummer, namenloser Schmerz ist, den du bis in deine Seele hinein fühlst. Die Musik hörte auf; es wurde einige Sekunden lang quälend still, und etwas wie ein keuchendes Jammern war in der Stille. Plötzlich drängte sie sich an ihn und schlang beide Arme um seinen Hals, schluchzend vor Begierde, vor Zärtlichkeit, vor Leid, hemmungslos, leidenschaftlich, unverstellt wie der Schrei des Weibchens in den Wäldern, in der unbewußten Artikulation eines Urwesens. In diesem Augenblick fühlte er in sich den ganzen unaufgelösten, geheimnisvollen Schmerz des Daseins, und er strömte ihr entgegen wie ein unbezwingbares Gefühl des Mitleids. Aber dann, in der nächsten Sekunde, sah er die Welt und das Leben wie in einem gigantischen Panorama zu kolossalen Dimensionen emporwachsen; die Granitzinnen der Gebirge ragten über den Wäldern auf, die großen Flüsse ergossen sich mit ihren Wassermassen in die Ozeane, und die Weltstädte nahmen sich wie wimmelnde Ameisenhaufen in einem Riesenwald aus. Und er suchte sich selbst und konnte sich nicht finden. Dann wechselte das Bild im Handumdrehen und wurde zu einem rauschenden Wasserwirbel in einem tiefen Abgrund, und da sollten sie beide, er und sie, gemeinsam hinab, um auf die andere Seite zu gelangen, und dann, plötzlich, hatte er das schleichende Gespenst hinter sich, das, wie er meinte, vorwärts eilte, um sich zwischen sie zu setzen und warnend, wie in einem heiseren Flüstern, seinen Namen zu nennen. Er ließ sie los, schreckte zurück und fiel zusammen, teilnahmslos, schlaff, kalt und müde.

»Was ist los mit dir?«

»Oh, das kommt, weil es der letzte Abend ist.«

Einige Zeit darauf schickte er ihren Ring und die Geschenke zurück und teilte ihr mit, daß er aus Gründen, die sie nie würde verstehen können, die Verbindung lösen müsse; er bitte sie um Verzeihung. Er erhielt seinen Ring und die Verlobungsgeschenke zurück, jedoch nie eine Zeile zur Antwort.

VI.

Mein alter Freund!

Diesmal bekommst du meinen Jahresbrief zu einer unge-
wöhnlichen Zeit. Wenn ich dich nicht so gut kennen würde,
hätte ich ihn nie abgeschickt, sondern nach dem Schreiben –
und schreiben mußte ich ihn, warum auch nicht, da es mir
doch ein Bedürfnis und ein Genuß war – in Stücke gerissen
oder verbrannt oder in mein Schreibtischfach geworfen. Da
hätte ihn keiner gesehen außer mir selbst; er wäre mir eine
deutliche und schmerzliche Erinnerung an die letzte, ver-
schwindende Abendröte meines Gefühlslebens gewesen,
wenn ich, ein seltenes Mal, meine alten Briefe durchgelesen
hätte. Aber nun werde ich ihn absenden, und du wirst ihn
erhalten, denn ich weiß ja bestimmt und gut, daß du nicht
über mich lachen wirst, wie es alle anderen tun würden, die
mich weniger kennen. Sondern du wirst verstehen, daß es
mein Innerlichstes und Bestes ist, das in diesen Zeilen auf-
flammt wie das letzte hastige Zucken der blauen Flammen,
bevor sie über dem schwarzen, verkohlten Scheit erlöschen.
Du wirst mich von Anfang an verstehen, denn du kennst die
Tonart meines Lebens, du hast das Motiv gehört, das in den
vielen Melodien meines Gefühls immer und immer wieder-
kehrt, und du hast die leise, unbestimmbare Vibration in
meiner Persönlichkeit bemerken können, weil sie wie bei dir

selbst klang. Mit der bebenden Scheu eines Zwanzigjährigen
habe ich dir mein erstes ängstliches Vertrauen geschenkt –
warum sollte ich dir nun, da ich einsam und müde und alt bin,
nicht auch mein letztes geben.

Ich hatte an derselben Stelle zu Mittag gegessen wie seit
zehn Jahren, unter fast denselben Menschen, hatte mit dem
Mädchen dieselben Phrasen gewechselt wie nahezu jeden Tag
während dieser zehn Jahre, und war durch dieselben Straßen
nach Hause gegangen, wo ich jedes Schild, jede Unebenheit
des Trottoirs, jedes Gesicht hinter den Scheiben kannte. Ich
hatte mich in den Schaukelstuhl gesetzt, um wie gewöhnlich
meine Zigarre zu rauchen, bevor ich mich an den großen
Stapel Hausaufgabenhefte machte, der an meinem Arbeits-
platz auf mich wartete. Sitzen, rauchen, auf die Hefte starren – genau wie immer in allen diesen zehn Jahren, im selben
Raum mit denselben Möbeln, mit denselben alltäglichen Gedanken und Stimmungen. Aber dann, plötzlich – ich weiß
nicht, was zuerst in Bewegung geriet, das weiß man ja nie,
denn es ist so klein, daß man es nicht sehen und so kompli-
ziert, daß man es nicht erforschen kann – es kann ganz einfach ein Geräusch von der Straße, eine Veränderung des
Lichts, der Duft einer meiner Blumen, eine besondere An-
ordnung einiger Gegenstände oder was auch immer gewesen
sein – ich weiß nicht, was es war; ich konnte auch nicht klar
sehen in dem Wirrwarr von Gedanken und Bildern, die in
einer Sekunde durch meine Seele zogen, oder unterscheiden,
wie eins ins andere griff, denn es ging so schnell, wie ein
Lichtstrahl in einen dunklen Raum fällt. Ich weiß auch nicht,
was das für Nebelfelder waren, in denen ich zu verschwinden
und zu sterben glaubte, denn sie zogen im selben Moment
wieder ab, in dem sie sich unermeßlich, unendlich ausgebreitet hatten. Es war nur ein allgemeines Gefühl, das blieb und

sich verschärfte und vertiefte, ein Gefühl von etwas schmerzlich Süßem in meinem Innersten, das sich über mein ganzes
Wesen ausbreitete, bis ich etwas unter den Augenlidern bren-
nen fühlte. Und im nächsten Augenblick fiel mir plötzlich
auf, daß ich vor vielen Jahren, wenn der Sinn in der Erinnerung weich wurde, oft so gefühlt hatte, daß ich einen solchen
Moment während der letzten zehn Jahre jedoch nicht gehabt
und geglaubt hatte, daß es damit für alle Zeiten vorbei wäre.
Und im selben Augenblick verwandelte sich der graue
Herbsttag, wurde zu etwas mystisch-stimmungsvoll Locken-
dem, wie früher in meinen einsamen, schwermütigen Stunden. Es kam mir vor, als wären zehn trübe, dumme, leere
Jahre aus meinem Leben gestrichen und gar nicht da gewesen.
Und ich verhielt mich nun wie früher, wenn mir die Seele zu
voll wurde: Ich zog mich an und ging aus.

Es war ein Samstag spät im Oktober, ein grauer und stiller
Tag mit lauer, feuchter Luft. Ein leichter Nebel ruhte über der
Stadt und hatte das Straßenpflaster mit Nässe überzogen. In
verschiedenen Läden waren bereits die Gaslichter angezün-
det worden; sie leuchteten verschwommen hinter den be-
schlagenen Fensterscheiben. Die Hauptstraßen mit ihrem
schneidenden, betäubenden Lärm ließ ich bald hinter mir,
und je weiter ich in die Vorstadt hinauskam, die sich mit ihren
zwei langen Reihen kleiner und ärmlicher Häuser vor mir
erstreckte, desto tiefer wurde die mich umgebende Stille,
noch verstärkt durch das monotone, gedämpfte Dröhnen
hinter mir und das Rollen einzelner Getreidefuhren auf dem
Weg in die Stadt. Ich kam an einem Ausflugslokal vorbei,
man hatte die Glasveranda mit Brettern vernagelt, die Bäume
trugen die gelben und roten Farbtöne des Spätherbstes oder
hatten ihre Blätter schon über das welke Gras und die feuchten Wege verstreut und reckten ihre nackten schwarzen Äste

gegen den grauen Himmel. Drinnen auf dem Kirchhof leuchteten die Grabsteine weiß aus dem Dunkel unter dem braunen Baumdach, mit graunassen Streifen, stellenweise von
Moos überzogen, und der Efeu wucherte mit seinem satten
Grün üppig über dem schwarzen Humus der Gräber. Einige
einsame Frauengestalten sah man da über ein eisernes Gitter
gebeugt mit Blumen hantieren oder zusammengesunken reglos auf einer Bank sitzen; und es war mir, als ob die vielen
Gedanken der Trauer sich in der Stille da drinnen und in der
grauen Herbstluft ausbreiteten und sie mit ihrer stummen
Schwermut sättigten. Dann wurden die Häuser immer selte-
ner, die Gärten um sie herum immer größer. Die Pflasterstei-
ne endeten, und die Landstraße schlängelte sich zwischen
dem grauen öden Meer und der grauen weiten Ebene an der
Küste entlang. Vor einem Haus spielten ein paar Kinder,
draußen auf den Feldern pflügte man oder brachte die Hack-
fruchternte ein, im Dorf vor mir surrte eine Dreschmaschine,
noch weiter entfernt läuteten Kirchenglocken, und über dieser ganzen Spätherbstszenerie, über diesem düsteren flachen
Land, in dieser lauen, feuchten Luft und der schwermütigen
Stille lag etwas von derselben erwartungsvollen Ruhe wie in
der Festtagsstimmung meiner Kindheit. Ich mußte an den
frisch gestreuten Sand auf der frisch gescheuerten Diele in
meinem Vaterhaus denken. Ein Bild lockte das nächste hervor und verwandelte sich wie in einem Diorama; ich sah die
Wege schwarz von festlich gekleideten Menschen, die zur
Kirche wollten, und sah sie auf dem Kirchhof an der Mauer
versammelt; ich hörte die Leute die Gebete des Pastors nach-
murmeln und vernahm die Choräle von der Orgel; das ganze
Leben in den Stuben und Dorfstraßen zog in Bildern an mir
vorüber. Kleinigkeiten tauchten in meinem Bewußtsein auf,
wo sie tief unter den Schichten späterer Erlebnisse verborgen

gewesen waren, Episoden, an die ich seit Jahrzehnten nicht mehr gedacht hatte, formten sich in meiner Erinnerung erneut in aller Deutlichkeit, und Gesichter, die ich nicht zuordnen konnte, tauchten um mich herum auf. All das, was am weitesten zurück in meinem Leben und am tiefsten unten in meinem Unbewußten lag, drängte heran und tauchte mit der Festtagsstimmung meiner Kindheit empor.

Als ich heimkam, dämmerte es bereits. Ich schloß die Tür und ließ die Gardine herab, denn ich war in der Seele so feierlich und voll, daß ich ganz für mich und einsam sein wollte, und da draußen gab es nichts, was mit meiner Stimmung Ton halten konnte. Ich setzte mich vor das Feuer, und während die mich umgebende Wirklichkeit in der Ferne zerrann wie ein Laut im Nebel, befand ich mich plötzlich mitten in einer neuen Welt der Erinnerungen, die von den Toten auferstand und wieder Leben gewann. Jetzt war es meine Jugend, meine schmerzvolle, geängstigte, gepeinigte Jugend, die sich um mich ausbreitete und sich drückend und saugend über mich legte, wie ein Mondscheinabend auf der Ebene im September, und zu einem qualvollen Seelenkrampf wurde. Ich glaubte, mich selbst zu sehen, wie ich als ein hungriger Bettler über Landstraßen durch dünnbesiedelte Gegenden wanderte und an Häuser klopfte, ohne daß jemand öffnete, wie ich draußen vor den Sälen mit den für Gäste gedeckten Tischen stand und wie Lazarus um Krumen von der Tafel des reichen Mannes bat, nur um einen armseligen Bissen von dem, was allein ich notwendig brauchte. Und während die Musik jubelte und der Tanz sich drehte und das große, reiche Leben sang, ging ich in die Nacht hinaus wie ein geprügelter Hund, wie ein räudiger Ausgestoßener.

Sie zogen an mir vorüber, all jene Frauen, die ich im Leben getroffen und in deren Augen ich forschend und bittend geschaut hatte; sie zogen an mir vorüber mit Gleichgültigkeit oder Mitleid im Blick, und es war nicht eine darunter, die stehenblieb und sich zu mir hingezogen fühlte; sie zogen an mir vorüber, alle – hinaus ins Leben, zu anderen. Hier wurde Glück, dort Leid daraus, die eine hatte Pech, die andere fand den Richtigen, aber ich stand einsam, während alle anderen zu zweit gingen, und ich fragte mich in plötzlicher Angst und brennendem Schmerz, was das für ein Leben war, in dem man nicht ein einziges Mal, wenn auch nur für eine kurze Minute, von einer Frau geliebt wurde.

Da war mir, als schauten mich zwei Augen ängstlich forschend an, zwei dunkle Augen, in denen etwas brannte. Sie waren erst weit entfernt, kamen dann aber immer näher, und um sie herum formte sich allmählich ein Gesicht, eine Gestalt und schließlich ein ganzes Interieur, und ich sah das alles vor mir, als wäre es in diesem selben Moment geschehen, und es ist doch bald zwanzig Jahre her.

Als Student wohnte ich einmal bei einer Beamtenwitwe, die Mann und Sohn früh verloren hatte und in die Stadt gezogen war, um von der Hinterlassenschaft ihres Gatten bis ans Ende ihrer Tage in stiller Trauer mit ihren Erinnerungen zu leben, in Dürftigkeit und Zurückgezogenheit, ohne sich um die Welt und die Menschen draußen zu kümmern, die ihr nichts mehr zu bieten hatten. Im zweiten Jahr meines Aufenthalts bei ihr traf ich bei einem der Besuche, die ich ab und zu bei meiner Wirtin machte, ein junges Mädchen vom Lande. Ihre Eltern hatten sie in der Stadt in Pension gegeben, damit sie eine Ausbildung absolvieren konnte, ich weiß nicht mehr welche. Wir sahen uns fünf- oder sechsmal, unsere Unterhaltung beschränkte sich aber auf das, was junge Männer und junge Frauen für gewöhnlich zu sagen pflegen, wenn sie sich begegnen, und es gab nichts zwischen uns – jedenfalls merkte ich nichts, sonst hätte ich dir ja sicher davon erzählt – das von dem allgemeinen Pfad abgewichen wäre, dem die Schicksale der Menschen folgen. Wenn ich mich recht erinnere, zog sie nach etwa einem halben Jahr um, schaute aber, wie ich bemerkte, noch ab und zu nach der alten Witwe; ich selbst traf sie aber nicht mehr, seit sie das Haus verlassen hatte. An einem Winterabend wurde ich von der Wirtin gebeten, zu ihr zu kommen. Ich war gerade von einem vergnügten Tag nach Hause gekommen und in jener angenehm trägen Stimmung, die einen leicht sentimental werden läßt. Träumend saß ich in der Dämmerung, und du weißt ja, wie Erinnerungen in einer solchen Gemütsverfassung schmecken, wenn alles Bittere weggesaugt und nur noch das Süße übriggeblieben ist und wie im zauberischen, falschen Mondschein der Phantasien Zukunftsschlösser entstehen können. Ich sehe alles noch deutlich vor mir: Ich betrat eine kleine Wohnung von drei winzigen, vollgestopften Zimmern, mit vielen Möbeln und dicken Teppichen, ein Nest voller Wärme und Geborgenheit, wo ein scheuer und einsamer Vogel Ruhe finden kann, ein richtiges Witwenheim, in dem ständig dieselben stillen, traurigen Gedanken auf Zehenspitzen umherliefen und ewig dieselben Erinnerungen aus den dunklen Winkeln hervorschauten, und es war still, so still, daß man unwillkürlich seine Stimme senkte, und so anheimelnd, daß man sich die ganze Zeit wie vor einem Kamin an einem stürmischen Regenabend im Herbst fühlte. Die Alte saß, mit ihrer Handarbeit beschäftigt, mitten im rötlichen Schein der Lampe – und weiter entfernt, wo das Licht gedämpfter war, bemerkte ich noch aus dem Nebenzimmer das junge Mädchen, auf einem Hokker sitzend, schweigend, die Hände auf dem Knie, schwarz gekleidet, mit einem bleichen, leidenschaftslosen, nachdenklichen Gesicht, das dunkelbraune Haar über der schmalen

Stirn schlicht gescheitelt. Aber was ich jetzt überdeutlich sehe, ist die ängstliche Frage in diesen dunklen Augen, brennend und doch klar, in deren Tiefe mehr Gedanke als Gefühl lag, als wir uns begrüßten. Und ich weiß noch, daß ich ihre Hand länger als gewöhnlich in meiner hielt, ich wußte damals nicht warum. Aber nun verstehe ich es, und ich habe am heutigen Abend gefühlt, wie in mir etwas leichter und heller geworden ist – wie dem Verirrten plötzlich ein Licht in der Dunkelheit erscheint – denn ich verstehe nun, daß ich doch eine kurze Minute lang von einer Frau bedingungslos geliebt worden bin. Worte und Gelöbnisse können nicht ausdrükken, was ich sicher weiß: daß jene scheue Bitte und bebende Frage das schmerzvolle Geständnis der Liebe war. Denn Worte sind nur ein Klang und Versprechen schimmernde Seifenblasen; aber der Blick in ein Menschenauge, das ist das unmittelbare stumme Bekenntnis der Seele und das sichtbar gemachte unaufgelöste Gefühl.

Es kam über mich wie eine Offenbarung, und ich wurde wie Saul vom Licht geblendet.

Und als der letzte rote Punkt im Kamin erloschen war, ich im Dunkeln erwachte, halb verwirrt meine Lampe anzündete und die Schulbücher und die abendliche Arbeit sah, die auf mich wartete, da spürte ich eine solche Abneigung, daß ich alles liegen ließ, denn ich konnte mich nicht entschließen, mit brutalen Händen den feinen Stimmungsschleier über meinen Gedanken zu zerreißen. Es schien mir, als sei etwas Großes geschehen an diesem merkwürdigen Tag, und es war ja auch eine Wiederauferstehung meines besseren Ichs von den Toten. Als die Zeit kam – und für mich kam sie früh – da ich den Zusammenhang mit dem Leben um mich herum verlor und die letzte Saite meiner Zukunftshoffnungen klirrend zersprang, hatte ich keine andere Welt als die meiner Erinnerun-

gen, und in ihr erlebte ich mein ganzes kurzes, armes Jugendleben noch einmal, und jedes zweite Erlebnis wurde da zu
etwas besonders Feinem und jubelnd Großem, farbenreich
und voller Düfte. Und als es auch damit vorbei war und ich
kalt und leer vor meinen alten Erinnerungen stand und keine
neuen Erlebnisse mehr Stoff gaben, da versank ich in diesem
inhaltslosen, dumpfen Leben mit täglich denselben staubigen
Gedanken und saftlosen Gefühlen, das ich nun zehn Jahre
gelebt habe und ab morgen wieder leben werde.

Heute ist ein Festtag für mich; warum sollte ich ihn nicht
genießen, so gut ich kann, obwohl ich vierzig Jahre alt bin,
mit faltigem Gesicht und ergrauendem Haar, und die Leute
mich einen Narren nennen würden, wenn sie davon wüßten.
Was mir geschehen ist, kann auch einem alten, kahlen Busch
passieren, der auf der Sonnenseite steht und an einem späten
Herbsttag Knospen treibt, die dann im nächsten Nachtfrost
verwelken.

Dein Freund +++

VII.

Sie waren einsam draußen an einem Juliabend, an dem die
Natur gleichsam Fieber hatte. Wütende kalte Windstöße fuhren durch die heiße, stickige Luft, hoch oben in der Atmo-
sphäre herrschte Sturm, Wolken jagten voran wie phantasti-
sche Riesenvögel, und mattes Wetterleuchten zuckte am süd-
lichen Horizont auf. Die Sonne war untergegangen, aber die
Wolken warfen metallisch leuchtende Reflexe über die dunkle,
flache Landschaft, die sich ihnen als breites Panorama darbot.

Sie hatten am Waldrand halt gemacht; er saß auf einem
Baumstumpf und starrte abwechselnd auf die Szenerie und
auf die Frau, die an einem Stamm lehnte. Es schien ihm, als
schielte ihn erstere mit dem Blick eines Wahnsinnigen an, wie
sie da halb in der Abenddämmerung, halb im blanken Licht
kalten Stahls lag; er hatte das Gefühl, als wäre ihm die Schä-
deldecke abgenommen und das Gehirn bloßgelegt und jemand stieße ihm eine kühle, scharfe Nadel hinein. Das Fieber
der Natur siedete in seinem Blut; es war Feuer und Frost, mal
heiße Brunst, mal ein Wahnsinnsschwindel, der wie eine
scharfe Eiskante schnitt. Visionen zuckten vor ihm auf, abwechselnd die eines Lüstlings und eines Verrückten.

Und sie schien ihm der böse Geist dieser Landschaft zu
sein, wie sie an den Baumstamm gelehnt stand und die Gegend überschaute. Er sah, wie ihre Formen verschwammen,

ihre Gesichtszüge erschlafften, die Haut graubleich wurde, wie die Auflösungsarbeit im Organismus begonnen hatte; er sah die kalte, gierige Glut in den kleinen, farblosen Augen und das kalte, gierige Lächeln um die dünnen, farblosen Lippen; er empfand die Einheit ihres Wesens, das, was all dem zugrunde lag, und er spannte alle Kräfte seiner Seele an, um zu erkennen, was es war. Wie der Chirurg sein Instrument in die Körpermasse senkt, um den Schnitt um die kranke Substanz zu machen, so senkte er seine Gedanken in dieses Lächeln, um das Mysterium in ihrem Wesen herauszuschneiden und dessen seltsame Struktur zu konstatieren. Aber das Instrument rutschte ihm im entscheidenden Augenblick immer aus der Hand, wie ängstlich gespannt er auch mit seinem ganzen Wesen in ihres glitt. In der nächsten Sekunde waren sie wieder getrennt, ganz wie zuvor – er saß auf dem Baumstumpf, sie stand an den Stamm gelehnt, und er starrte wieder in das Lächeln um die dünnen, farblosen Lippen, grausam und unersättlich wollüstig, als würde sie Blut rinnen sehen oder brünstig von einer ewigen, besinnungslosen Liebesnacht träumen.

Wie das hypnotisierte Medium, indem es auf das Prisma starrt, sein ganzes Wesen in einem Punkt konzentriert, alle anderen Organe paralysiert und alle Kanäle schließt, durch die Wahrnehmungen aus der wirklichen äußeren Welt einströmen, wie sein ganzer Seelenmechanismus, sein Gehirn und alle Sinne ohne andere Verbindung zu dieser äußeren Welt arbeiten als der schlafähnlich magnetischen mit dem Hypnotiseur, gleichsam in dichtem Nebel mit aufflackernden und erlöschenden Irrlichtstreifen, die alles ins Groteske und Überproportionale verzerren – hatte er so lange und intensiv in dieses rätselhafte Sphinxlächeln gestarrt, daß er nun mit dem Blick seiner Seele, mit den feinsten Fibern seines Wesens

daran festhing, ohne Bewußtsein, ohne Willen, und daß diese
ganze Welt, die sich früher in ihrer normalen Wirklichkeit um
ihn ausgebreitet hatte, nun da drinnen lag, ganz tief unten auf
dem Grund dieses Lächelns, wie ein phantastisches Dunkel
mit intensiven Lichtblitzen, in deren herumirrendem Schein
alle Gegenstände neue seltsame Proportionen annahmen, als
ob sie unförmig ausgewachsen, auf die Seite gedreht oder
umgestülpt worden wären. Er wollte hinein in jene geheimnisvollen Gegenden, in denen diese Frauenseele ruhte, auf
ihrem Boden wandern, die selben Bilder sehen und von den
selben Gefühlen durchdrungen werden; er gierte danach mit
der Kälte eines wollüstigen Grausens.

Der Sommer verging und der Herbst und der Winter.

An einem Unwetterabend im März fand er sie allein zu
Hause. Sie saß halb liegend in einer tiefen Fensternische, und
er ließ sich zu ihren Füßen nieder. Der Märzsturm raste
durch die Straßen, klapperte mit den Türen und rasselte mit
den Schildern. Die Katzen schrien. Auf ihr zurückgeneigtes
Gesicht fiel der flackernde Lichtschein; er sah ihre Augen wie
zwei phosphorglühende Schlitze und fühlte plötzlich, wie
ihm eine zitternde Hand übers Haar strich. Die Arme um
ihren Leib schlingend, starrte er in angstvoller Spannung mitten in ihr Lächeln, das gespenstisch starr und tot auf den
dünnen, farblosen Lippen lag; sie zitterte und schauderte in
seinen Armen, und auf einmal sah er, weit im Hintergrund
dieses Lächelns ein Bild, eine taumelnde Orgie, einen gräßlichen Totentanz von schlotternden männlichen Skeletten und
nackten Jordaensschen Frauenkörpern.

Und dieses Bild, das er zum ersten Mal gleichsam entfernt,
auf dem Grund des Lächelns gesehen hatte – es kam ihm nun
mit jedem Tag näher. Bald entdeckte er das Lächeln auf jedem
Frauengesicht, dem er begegnete; er fand es jede Nacht, wenn

er aufwachte, dicht neben sich phosphorglühend im Dunkeln. Und schließlich kam es ihm vor, als hätte er eine Grenze erreicht und eine Schwelle überschritten, als wanderte er in das Lächeln hinein, immer weiter, immer tiefer hinein, bis es sich um ihn verdichtete und er es auf seiner Haut und in seinen Adern fühlte wie ein geiles Zittern, das erst nachließ, als seine eigenen Knochen in dieser taumelnden Orgie mitklapperten, in diesem gräßlichen Totentanz zwischen männlichen Gerippen und nackten Jordaensschen Frauengestalten, die ihn umkreisten, keuchend vor Atemnot und Geilheit, mit dem Schweiß warmer Körper und der Kälte von Leichen.

An einem heißen Sommertag, als er auf einem Spaziergang war, blieb er plötzlich mitten auf der Straße stehen. Alle Menschen hatten angefangen zu rennen, als regnete es Feuer und Schwefel vom Himmel, und im selben Augenblick wurde es so still, als berührten ihre Füße den Boden nicht, als gäbe es überhaupt keinen Laut mehr auf der Welt – sie verschwanden in der Ferne wie dunkler Rauch und schrumpften zu kleinen Punkten, einer in jeder Windrichtung. Dann wurde der ganze Raum im Handumdrehen schwarz wie die Nacht, aber er war zugleich bestreut mit einer Unzahl kleiner, phosphorglimmender Punkte. Aus jedem dieser Punkte bildete sich nach und nach ein Gesicht, ein Frauengesicht, ihr Gesicht mit ihrem Lächeln – sie wimmelten zu Myriaden hervor, diese lächelnden Gesichter, bis sie zu einem einzigen Riesengesicht zusammenflossen, das den ganzen Weltraum mit seinem grausamen und unersättlich wollüstigen Lächeln erfüllte.

Er war mitten auf der Straße stehen geblieben, die Augen geschlossen, die Zähne zusammengebissen, mit den Armen wild um sich schlagend. Einige Passanten kümmerten sich um den Wahnsinnigen.

VIII.

An einem der allerersten Sommertage saßen wir zur Mittags-
zeit im Vorgarten des Restaurants am Markt in einer großen
Gesellschaft beisammen. Man hatte die Tische, Bänke und
Blumenkübel gerade erst nach draußen gestellt; das Kühle und
Bleiche des Vorsommers war am Verschwinden, und der Himmel zeigte bereits den warmblauen Farbton des Hochsom-
mers. Das Sonnenlicht ergoß sich in warmer Üppigkeit über
die Stadt, unsichtbare Insekten erfüllten mit ihrem Surren die
Luft, die Steine erhitzten sich, und die Markisen an den Schau-
fenstern waren heruntergelassen. Das Gespräch glitt durch
das eine Apropos hindurch und sprang dann zum nächsten
über, um auch dieses hinter sich zu lassen oder sich in einzelnen Worten oder im Schweigen zu verlieren wie der Fluß im
Sand, wenn er ins Meer mündet. Ein Herr grüßte im Vorüber-
gehen einen aus der Runde; sofort kreiste das Gespräch um
ihn und wob ihn in ein Netz ein wie die Spinne eine Fliege. Es
war ein offenes Geheimnis, daß er Unsittlichkeiten der verbo-
tenen Art ausübte, und so waren wir bald bei diesem delikaten
Kapitel in seiner großen Allgemeinheit. Der eine hatte dieses
und der andere jenes zu sagen; ich kann mich lediglich an eine
Äußerung eines der Anwesenden erinnern, die ungefähr so
lautete:

»Daß eine solche Verbindung zwischen zwei Individuen

gleichen Geschlechts in ihrer ganzen sexuellen Grobheit etwas Abscheuliches ist, eine Schweinerei geradezu, ist eine
Sache für sich. Aber was ich, wenn wir nun schon einmal bei
diesem Thema sind, besonders betonen möchte, ist, daß man
nicht alles über einen Kamm scheren sollte, als gäbe es da
keinen Unterschied. Denn es ist doch wirklich so, daß ein
Mann mit einem anderen verwachsen kann – durch ein Gefühl, das nichts mit der ordinären geschlechtlichen Sinnlichkeit zu tun hat, aber dennoch etwas ganz anderes und Tiefe-
res ist als Freundschaft. Ob dieses Verhältnis nun natürlich
ist – man mag es übrigens bezeichnen, wie man will – die
Hauptsache ist wohl auf alle Fälle, daß es sich um ein psycho-
logisches Faktum handelt.

Vor etwa drei oder vier Jahren lebte ich auf sehr vertrauli-
chem Fuß mit einer Person zusammen, die allen hier Anwesenden völlig unbekannt ist und deren Namen ich nicht nennen muß. Er erzählte mir einmal eine Episode aus seinem
Leben, die mich dazu brachte, gründlich und ernsthaft nach-
zudenken und mich in die Sache hineinzuversetzen, über die
wir hier reden. Und wenn ich in Gedanke und Gefühl ehrlich
sein soll – ich gewann dadurch eine ganz andere Sicht auf
diese Beziehungen, als ich sie zuvor hatte, als sie die meisten
haben, weil sie im allgemeinen nicht besonders über sie nach-
denken. Mechanisch folgt man dem traditionellen Räsonne-
ment, anstatt jede für sich näher zu untersuchen und heraus-
zufinden, ob sie Schale um ein Nichts sind oder einen Kern
aus Leben und Wirklichkeit enthalten. Ich sollte vorab er-
wähnen, daß die betreffende Person eine der reinsten Natu-
ren ist, denen ich je begegnet bin. Er war einer jener Menschen, in deren Wesenstiefe ewig ein schwerer und melancho-
lischer Gefühlsnebel ruht, aus dem die Gedanken auftauchen,
gesättigt von dunklem Schmerz, so wie du an einem Tag im

Spätherbst einen einsamen Wanderer aus dem Dunst kommen und wieder darin verschwinden siehst. Er war so sensibel wie weiße Seide; Licht und Schatten spielten in seiner Seele wie wenn der Wind über ein Kornfeld streicht. Eine solche Veränderung kann man an einem frühen Morgen am Meer beobachten: erst ist das Wasser wie ein einziges heiteres Lächeln, dann plötzlich schaut es dich an wie ein großes, schwermütiges Auge, nur weil sich eine kleine Wolke vor die Sonne schiebt. Was jedoch im Innersten dieses empfindlichen Organismus lag, war das trostlose Gefühl von Leere und Einsamkeit – das Schicksal wälzte sich über die Menschen hinweg wie Gewitterschauer in dunkler Nacht, wenn der Regen herunterpeitscht und sich die Blitze aneinander entzünden, bis sie zu einem einzigen grellen Licht werden. Zur Hälfte in Furcht, zur Hälfte in hoffnungsloser Müdigkeit saß er still im Leben und sah sich mit großen erschrockenen, traurigen Augen nach jemandem um, dem er sich anschließen konnte, richtig eng und warm. Und fand er so einen, in dem er ganz aufgehen konnte, ohne daß sich ein einziges Partikel seines krankhaft sensiblen Naturells ekelte und zusammenschrupfte, dann war es, als ob sich in der Tiefe seines Wesens plötzlich ergiebige Quelladern geöffnet und zu fließen begonnen hätten. Dann fiel er in innerster Seele vor diesem Menschen auf die Knie, lehnte den Kopf an seinen und dämmerte in einer schmerzlich wollüstigen Geborgenheit dahin, während er über sich das Leben stürmen hörte.

Er war eine selten feine und tiefe Natur – d a s ist es, was ich besonders betonen möchte, bevor ich euch mitteile, was er mir, das von uns angeschnittene Thema betreffend, über sich erzählt hat.

Während der Periode seines Lebens, da ich Umgang mit ihm hatte, stand er in einem solchen eigenartigen Verhältnis zu einem anderen Individuum seines eigenen Geschlechts – eine Beziehung, von der natürlich nur er etwas wußte und die einzig und allein in heimlichen Veränderungen in seinem Gefühlsleben bestand. Der andere war, ganz prosaisch, ein vierzehnjähriger Junge, der uns in dem Restaurant bediente, in dem wir unsere Mahlzeiten einnahmen und uns aufzuhalten pflegten – ein mageres, aber gut gebautes Kind mit einem vornehmen Kopf und einem Gesicht, das dem eines jungen Mädchens glich, weich in den Linien, warmbleich im Teint, ein blondes Antlitz mit dunklen Augen wie aus schwarzblauem Samt, mit sanften Reflexen. In seinem Ausdruck und Blick lag etwas, das an eine Frau oder eine Taube denken ließ, etwas Feinfühliges und Gutes und rührend Scheues, wie ich es kaum je gesehen habe. Man hütete sich gleichsam, diesem zerbrechlichen Wesen zu Nahe zu kommen; man zwang sich beinahe, die Stimme unter Kontrolle zu halten, denn bei der geringsten Härte im Tonfall, die man selbst nicht bemerkte, die dieses Kind aber instinktiv vernahm, kam etwas schmerzlich Gespanntes wie ein dunkler Schatten über dieses lichte Mimosen-Antlitz, und es tat einem selbst weh und leid, und man machte sich ganz sinnlose Vorwürfe.

Wie soll man diese Beziehung wohl bezeichnen, in der mein Kamerad einige Monate lang zu diesem Kind stand, dieses Gefühl, das er dem Jungen entgegenbrachte? Ich weiß es nicht, nicht einmal er selbst wußte es. Es war nicht einfach Freundschaft, aber es war noch weniger roher und unnatürlicher Geschlechtstrieb; am ehesten war sein Gefühl der eifersüchtigen Zärtlichkeit verwandt, die einen in Knabenjahren mit dem »besten Freund« verbindet, mit dem egoistischen Bedürfnis, ihn ganz für sich allein zu haben, sein intimster Vertrauter zu sein. Und doch war es mehr, war daneben etwas anderes. Manchmal lief er umher und schmachtete nach dem bloßen Anblick des anderen, und wenn er ihn dann von weitem sah, wich er ohne plausiblen Grund auf eine Seitenstraße aus, um ihm nicht begegnen zu müssen. Er konnte sich innerlich qualvoll danach sehnen, ihm ein paar freundliche Worte zu sagen, aber wenn die Gelegenheit dann da war, bekam er den Mund nicht auf, sondern stammelte nur und wurde rot. Er ahnte instinktiv, wo sich der andere aufhielt, und fühlte, wie sein Blick magnetisch von diesem Punkt angezogen wurde, aber er wagte es nicht hinzusehen; die Angst des Verliebten vor Entdeckung, öffentlicher Aufmerksamkeit und Entrüstung hinderte ihn daran. Wenn er ein Lächeln oder einen freundlichen Blick an eine fremde Person bemerkte, durchlitt er alle Martern eines Eifersüchtigen einschließlich des bittersüßen Schmerzes, den man fühlt, wenn sich die geliebte Frau einem anderen zuzuwenden scheint. Dann wieder stolzierte er mit heiterer Miene umher, als trüge er an einem großen und heimlichen Glück, bloß weil es ihm am Abend gelungen war, diesem Kind ein paar nette Worte zu sagen und in dessen Augen jene ergebene Aufmerksamkeit zu entdecken, in der die Angst lag, etwas schuldig geblieben zu sein. Und es konnte ihn nervös und krank machen, wenn er den Eindruck hatte, dem feinfühligen Organismus des Kindes auf irgendeine Art und Weise weh getan zu haben, mit einer unbewußt strengen Miene oder einem Tonfall, der ihm im nachhinein streng vorkam. Dann lief er nachts, nachdem er nach Hause gekommen war, stundenlang in seinem Zimmer auf und ab, ruhe- und schlaflos.

Kurz gesagt, er konstatierte fast alle Symptome der ersten, unbewußten Verliebtheit, aber gleichzeitig war in seinem Gefühl dasselbe traurige Mitleid, dieselbe schmerzliche Wollust, die ihn wie ein starker Magnet zu den Frauen zog, die er liebte. Und wenn er in dieses Sensitiva-Antlitz und diese

Sensitiva-Augen schaute, konnte er in ein Nirvana der Schwermut eingehen, in dem er nichts anderes mehr hörte als ein gedämpftes Spiel aus der Ferne von der Melodie, die das Leben ist – so angsteinflößend wie ein plötzliches Wimmern in nächtlicher Stille, wenn du nicht weißt, woher es kommt und wer da weint.«

IX.

Es war bereits November, die Bäume standen nackt, und die Blätter faulten auf dem Boden, naß und schmutzig. Der Park lag zu dieser Jahreszeit menschenleer; mein Freund und ich waren allein, als wir schweigend die sich hin- und herschlängelnden Wege entlangspazierten. Ein feuchter Spätherbstnebel hing schwer über den Zweigen; es war, als hätte sich die graue Luft herabgesenkt und auf dem Geäst niedergelassen. Und die Feuchtigkeit bildete Tropfen, die wuchsen und wuchsen, sich lösten und fielen. Es war gegen Abend, in der späten Nachmittagsstunde, bevor die Dämmerung hereinbricht. Wir blieben dann und wann stehen; um uns herum war es naß und ruhig. Weit entfernt schnitt das Pfeifen einer Lokomotive scharf in die Stille, unmittelbar darauf der Schrei eines Kindes, gellend und einsam, wie ein Raketenschweif, der den Himmel durchzieht, langsamer wird, stehenbleibt und verlischt. Und die Stille und der graue Raum schlossen sich wieder über der Wunde. Es war, als hätte sich das Schweigen in diesen Tropfen verdichtet, die fielen, einer nach dem anderen, einer hier, einer dort, groß und schwer.

Wir gelangten auf einen Wall, der längs der Grenze der Anlage verlief und einen weiten und öden Ausblick auf das flache Land und das Meer bot. An einer Ecke erweiterte er sich zu einem offenen Rondell, und dort entdeckten wir plötzlich eine Frauengestalt, die sich in weichen Linien auf dem grauen Hintergrund abzeichnete, hoch und schlank, frei gegen den Himmel, reglos und einsam in dieser lautlosen, tristen Novemberszenerie. Als wir vorbeigingen, drehte sie sich langsam um, und in ihrem Gesicht, in dem Zug um den Mund und dem Blick der dunkelblauen Augen drückte sich etwas von der dunklen, schmerzlichen Trauer aus, die über der ganzen spätherbstlichen Landschaft lag. Als die Allee eine Biegung machte, schaute ich mich um: Sie stand noch immer in derselben Haltung, reglos, einsam, frei gegen den grauen Himmel, ein schwermütiges Bild der Jahreszeit und eine verkörperte Dämmerungsstimmung.

Mein Begleiter begann, eine Episode aus seinem Leben zu erzählen. Er starrte mit einem abwesenden Lächeln vor sich hin und sprach mit gedämpfter Stimme, als richtete er seine Worte nicht an mich, sondern als hätten ihn die Spätherbstlandschaft und die Sommererinnerung mit einer so mächtig anschwellenden Stimmung erfüllt, daß sie über die Ufer seiner Seele trat und in Worten ausströmte, die so melancholisch schwer waren wie das einsamstille Fallen der Tropfen um uns herum.

»Ich sehe in diesem Moment ein Frauengesicht so deutlich wie noch nie seit dem Tag, als ich es zuletzt wirklich vor mir hatte. Ich weiß nicht, wer sie war und wie sie hieß; wir haben nie ein einziges Wort gewechselt. Und doch ist dieses Wesen einen Sommer lang der Inhalt aller meiner Gedanken und Gefühle, ja meines Lebens gewesen. Wenn ich in meinen einsamen Stunden – und allein sie kann ich genießen – mein entschwundenes Leben und meine verflossenen Erlebnisse durchgehe, zusammenlege und auseinandernehme – du verstehst sicher, was ich meine, es ist ungefähr, wie wenn man seine alten Briefe und Erinnerungsstücke ordnet – dann bilden diese beiden Monate ein Ganzes für sich. Und öffne ich das Kuvert, das dieses Datum trägt, dann enthält es nichts als dieses einsame Porträt einer unbekannten, namenlosen Frau, die doch meiner Seele so eng vertraut war wie vielleicht keine von all denen, die mich jahrelang täglich umgeben hatten. Wäre sie mir nicht begegnet, wären diese zwei Monate vielleicht wie ausgelöscht, als hätte es sie nie gegeben. Und jetzt kehre ich wieder zu dieser Erinnerung zurück wie zu etwas, das einem hier im Leben innerlich gut getan hat und vorbei und verschwunden ist.

Als ich sie zum ersten Mal sah – es ist nun zwei Jahre her – hatte ich mich in H. niedergelassen, um zu baden und auszuruhen und mich in Sommersonne und Meeresluft zu verjüngen. Es war ein nasser Tag gewesen, mit feucht tiefblauem Himmel zwischen massigen schwarzen Wolkenhaufen, die im Sturm dicht über dem Sund und der Stadt dahinwalzten; Sonnenschein und Regenschauer wechselten sich ab. Gegen Abend hatte sich der Wind gelegt. Es war ein herrlicher Sonnenuntergang, als ich auf den Hafendamm hinauswanderte, eine frische Stille mit Düften, die der Regen von dem Grün und den Blumen des Sommers gelöst hatte und die nun dampfend aufstiegen, und kräftigen Farben in Luft und Wasser, von der Feuchtigkeit verstärkt – ein unterdrückter Jubel von Farbe und Duft; du weißt ja, wie solche Juniabende sein können. Wie du dich sicher erinnerst, gibt es ein Stück hinaus auf den Kai ein vorgelagertes Rondell; eine Treppe führt über die Mauer hinunter zu einem weiten, eingefaßten Platz, dem die Einwohner der Stadt den sentimentalen Namen »Kap der Seufzer« gegeben haben. Dort sitzen die jungen Leute, die in Ruhe träumen und schwärmen wollen, an Sommerabenden auf den Steinen, geben ihre Sinne dem Plätschern der Wellen hin und lassen sich von der salzigen Brise erfrischen. Überall waren Menschen. Ich setzte mich auf einen der Felsen. Alle schwiegen, nur ab und zu war ein einzelnes gedämpftes Wort zu hören, das aus der Stimmung erwuchs und weder eine Antwort erwartete noch eine bekam. Es schien, als hinge jeder seinen Gedanken nach, als wollte keiner den anderen durch eine banale Alltagskonversation stören. Ich hatte schon lange dagesessen, als ich bei einer Wendung des Kopfes plötzlich bemerkte, daß ein Augenpaar auf mir ruhte. Zu Anfang sah ich nichts anderes als nur diese beiden Augen, die nicht nur meinen Blick, sondern mein ganzes Wesen auf einmal fesselten. Es war, als würde ich gezogen und angesaugt, als beugte mich etwas nach vorn, als lebte ich mit all meinen Sinnen und Gedanken in der Tiefe dieser Augen und hätte gar kein anderes selbständiges oder wirkliches Dasein. Als das vorüber war und ich mich selbst wieder fand und die Reflexion und mein forschender Blick zurückkehrten, waren es in diesem Frauengesicht vor mir einzig die Augen, woran ich dachte. Sie waren dunkelgrau, mit einer fast unnatürlich erweiterten Pupille, wie in hilflos fragendem Entsetzen. Im Ausdruck des Blicks lag etwas Unbestimmbares, etwas, von dem ich nicht weiß, was es war und für das ich nie Worte gefunden habe, das ich aber jetzt wiedererkenne, wenn ich diese nackten Bäume, die neblige Luft und die einsame Frau da oben sehe und die großen, schweren Tropfen fallen höre, einen nach dem anderen. Und allmählich, als ich meinen Blick lösen konnte, entdeckte ich, daß sie einen kleinen Kopf und einen schmächtigen Körper hatte und ein schwarzes Kleid trug. Die Linien um die kurze Oberlippe gaben ihrem Gesicht ein Gepräge von Schwermut. Sie war wie eine feine weiße Blume, die ihre kränkliche Schönheit in der Herbstsonne und mitten in einer sterbenden Natur entfaltet. Ich

weiß nicht mehr, wie lange wir einander so gegenübersaßen,
Auge in Auge, denn in solchen Momenten verlieren wir ja
den Kontakt zu allem um uns herum, und die Zeit schwebt
hoch über uns dahin wie ein schwaches Säuseln. Die Dämmerung brach herein, alle Farben erloschen, es war schon Nacht,
sie war gegangen. Ich erhob mich; es war wie ein Erwachen
nach langem Schlaf, wenn man im Innersten noch einen guten
Traum schwerelos in sich ruhen fühlt. Ich ging nach Hause
und wuchs nach und nach wieder mit der Wirklichkeit zusammen, und sie schloß sich erneut um mich. Aber bei allem,
was mir begegnete, was ich hörte oder sah, war es, als ob diese
äußere Wirklichkeit zerriß, sich auflöste und wie ein Mor-
gennebel verschwand, und ein unbewußtes Gefühl sagte mir,
daß es außer ihr etwas gab, woran ich mich festhalten und
erfreuen konnte, etwas, das keiner sehen konnte und keiner
besser verstand als ich, ich allein, und das deshalb mir und mir
allein gehörte.

Es wurde eine Liebesbeziehung, die drei Monate dauerte;
ein Verhältnis ohne Ereignisse, ohne körperliche Berührung,
ohne ein einziges Wort. Glaubst du mir und kannst du richtig
verstehen, wenn ich sage, daß ich nie mit einer Frau so intim
zusammengelebt habe wie mit dieser, nicht mit einer einzigen
von all denen, deren Körper ich besessen und mit denen ich in
solchen Momenten geflüstert habe, in denen sich die Seelen
offenbaren? Siehst du, ich hatte einen ganzen Winter flaniert
und die Tage kommen und gehen lassen, wie es ihnen gefiel;
Woche reihte sich an Woche und Monat an Monat, und alle
zogen an mir vorbei. Ich griff mir heraus, was mir des nähe-
ren Betrachtens wert schien und ließ den Rest dahinfahren.
Zuvor hatte ich viele Verbindungen mit dem anderen Geschlecht gehabt, zumeist billig erkaufte, in ein paar Fällen aus
reiner Zuneigung, und in allen war das Ziel dasselbe und das

Ende auch. Hatte ich bekommen, was ich wollte, war die
Geschichte aus – Begierde, ein brutaler Akt, Erschlaffung,
gewöhnlich Ekel, im besten Fall eine leise Melancholie bei der
Erinnerung, v o i l à t o u t. Als ich hierher ins Bad kam,
waren meine Sinne übersättigt, und ich konnte keine Frau
ansehen, ohne sie in meiner Phantasie auszuziehen und mich
bei dem Gedanken an den banalen Paarungsakt zu ekeln,
diesen elenden, gierigen Höhepunkt aller Liebesglückselig-
keit. Ich sah das Bild vor mir mit der Deutlichkeit einer
Halluzination; ich konnte es nicht loswerden und fühlte Ekel
vor der Frau und Ekel vor mir selbst. Und gleichzeitig sehnte
ich mich saugender und ungeduldiger als je nach jenen zarten,
leisen Tonschwingungen, die nur die Frau in der Seele des
Mannes hervorrufen kann.

Jeden Abend bei Sonnenuntergang und Dämmerung lief
ich auf den Hafendamm hinaus; ich war fast sicher, sie auf
demselben Platz sitzend zu finden, wo ich sie das erste Mal
gesehen hatte, und fühlte mich enttäuscht und betrogen,
wenn ich sie ein seltenes Mal nicht antraf. Ich setzte mich ein
Stück von ihr weg, der Widerschein der versunkenen Sonne
lag als ein ruhender Lichtglanz hoch oben in der Luft, während es darunter dunkel war. Im Norden zog die Wasserflä-
che des Sundes ihre scharfe Linie am Abendhimmel; sie
schaute vor sich hin, einsam und reglos, eine Silhouette gegen
Wasser und Luft. Dann konnte sie sich langsam zu mir umdrehen, und ich fühlte plötzlich, rein instinktiv und ohne
hinzusehen, ihre Augen auf mich gerichtet, und ohne daß
auch nur einer von den vielen um uns herum etwas davon
wußte, besaßen wir einander so ganz, wie zwei Menschen
einander besitzen können. Kann denn eine physische Vereini-
gung von Mann und Frau intimer sein als diese Wesensver-
schmelzung zweier Menschen, bei der sich die Gefühle ver-

mischen und einander befruchten und sich die Gedanken verflechten und Knospen treiben?

Die Nacht kam, einer nach dem anderen erhob sich und verschwand, um uns wurde es immer einsamer, die Steine standen leer. Und wenn dann auch sie fort war und ich selbst mich auf den Heimweg machte, begleitete mich ein Gefühl, als hätte ich ein Geheimnis in mir, das außer mir nur eine Person kannte, etwas, das in mir wartete und mich tragen konnte, durch endlose Zeiten und weit, weit voran. Es wuchs in mir und erfüllte mich, ich bekam gleichsam neue Gefühle und eine neue Sicht. Alles um mich herum änderte sein Aussehen und interessierte mich. Alles, was für mich nicht vorhanden gewesen war, erkannte ich nun als Fleisch von meinem Fleische und Bein von meinem Bein. Das Wasser, in dem ich badete, die Sonne, die wärmte und blendete, der blaue Sommerhimmel, die Blumen und das Grün, die Straßen und die Häuser, das Geringste und das Größte, alles war voller neuer Geheimnisse, die ich nie zuvor gesehen zu haben glaubte und die sich nun plötzlich vor mir enthüllten. Die Worte der Menschen erhielten einen neuen Klang und einen neuen Sinn und sie selbst waren wie neue Geschöpfe, die ich zuvor nicht gekannt hatte. Und dieses neue Wunderbare, das ich in mir trug, ohne voll und klar zu wissen, was es war, konnte ganz plötzlich schwellen und wogen; Schauer schmerzlicher Wollust erhitzten mein Blut, es brannte und wurde feucht unter den Augenlidern, mein Blick weitete sich und mein stimmungsgesättigter Gedanke schoß wie ein Lichtstrahl über die Geheimnisse des Daseins hin und verwandelte sie in Bilder. Und ich zitterte und wand mich in dem heftigen Drang, mich der Länge nach auf die Erde zu werfen und zu weinen, über alles und nichts oder was – ich wußte es nicht. Wenn ich mich dann fragte, warum ich so fühlte und woher dieses Mitgefühl für alles und alle kam, das sich regte, wo vorher nur Gleichgültigkeit gewesen war, dann sah ich vor mir, als die einzige Antwort, diese traurige Frau mit den schwermütigen Linien des Mundes und dem fragenden Schmerz der Augen. Und diese seltsame Liebe, kränklich zart wie die Haut des Genesenden – wenn sie am stärksten und vollsten war in ihrer schmerzvollen Süße, wurde sie zu einer melancholischen Sehnsucht, daß wir beide, sie und ich, uns dicht aneinanderschmiegen mögen wie zwei verschreckte Tiere im Unwetter, um das Leben über uns hinwegbrausen zu lassen, das triste, böse, schreckliche Leben.«

Es dunkelte stark, ein Lichtdunst stand über der Stadt, die Tropfen fielen dicht und schwer in der Stille.

»Und die Tage gingen und der Sommer schwand und es wurde Herbst. An einem Septemberabend, an so einem Abend wie heute, als der Nebel naß und schwer über dem Sund lag und der Sinn trübe war wie die Luft, geschah es, daß wir, fast einsam auf unseren gewohnten Steinen sitzend, einander zulächelten, bekümmert und hilflos traurig, als fühlten wir in diesem Augenblick beide, daß wir zusammen das Beste im Leben und in der Liebe genossen hatten, daß der eine dem anderen nichts mehr geben konnte, daß es nun vorbei war, daß ein einziges gewechseltes Wort ein Sakrileg gewesen wäre und daß wir nun jeder für sich die Erinnerung zu bewahren hatten.

Am nächsten Morgen reiste ich ab.

Aber da war auch etwas wie Dank im Blick gewesen.«

Sensitiva amorosa

aus:
Kåserier i mystik
(Plaudereien in Mystik)
1897

In dieser Sammlung »Plaudereien in Mystik«, die sich über möglichst viele Bereiche des Lebens und der Menschennatur erstrecken soll, darf keinesfalls gerade d a s Gebiet fehlen, welches in beiden den Hauptplatz einnimmt, das Verhältnis zwischen Mann und Frau. Denn auf ihm läßt sich die Mystik sowohl in der Wurzel als auch in der Blüte, im Keim und in der Frucht entdecken! Das Mysterium der Liebe ist ja e i n s mit dem Mysterium des Daseins und hat zugleich, in seiner Eigenschaft, wesentlichstes Verhältnis des Lebens zu sein, unter allen Mysterien die größte Bedeutung für die Menschenkinder, die größte praktische Bedeutung, tagtäglich.

»Im überkultivierten Boden der modernen Gesellschaft«, schrieb ich vor zehn Jahren, »wächst eine eigenartige, seltsame Pflanze, die Sensitiva amorosa heißt.« Ich messe dem, was ich damals an Schilderungen unter diesem Titel zusammenfaßte, heute eine ganz andere, umfassendere Bedeutung zu. Abgesehen davon, daß dabei eine vorübergehende übermäßige Verfeinerung mit im Spiel sein sollte, dürfte es so sein, daß diese Disposition für schreckhafte Scheu und verhängnisvolle Metamorphose, die von einer psychologisch gesehen zweifelhaften Moral als abnorm, krank oder unsittlich abgestempelt wird, umgekehrt abhängig ist vom zentralen Gesetz in der Welt des gesunden, guten, menschlichen Unbewußten.

Wie immer, wenn ich über dieses Thema nachdenke, taucht auch in dem Augenblick, da ich diese Zeilen schreibe, ein Gesicht aus der Erinnerung vor mir auf, das Gesicht eines dänischen Freundes. Wortkarg bis zur Stummheit, ernst bis zur Langeweile, war er der hilfloseste Träumer, den ich kannte; ein Schlafwandler auf den vielen Dachfirsten des Lebens, saß er wie ein Sonderling in der Welt der anderen Menschen. In der anderen Welt aber, in die er sich durch seine Träume einspann, war er der Herr, und er webte sie aus seinem eigenen Herzblut, bis sie ihn umgab und die ganze wirkliche, äußere Welt dahinter verschwand – und sein Herz den warmen, lebendigen Inhalt verloren hatte! Etwas Schweres belastete ihn, wie der Nebel dicht über einer Landschaft liegen kann; es lag in seiner Art zu sprechen und sich zu geben, in den Bewegungen seines Körpers wie seiner Seele, in seinem Charakter wie seinen Handlungen, in seinen Stimmungen wie seinen grauen Augen, so tief drinnen, daß sich die Umwelt nicht darin spiegeln konnte.

Während der Zeit, da wir Umgang miteinander hatten, verliebte er sich. Sie war ein ganz junges Mädchen, gefeiert wegen ihrer Schönheit, noch mehr geschätzt wegen ihrer Güte, verlockend im Ballkleid, aber noch mehr in der Schürze. Ihr Äußeres war frappant: schwarzhaarig und dunkeläugig glich sie einem Kind des Südens; ihre Haut jedoch wies jenen unbestimmbaren weichen und blonden Teint auf, den allein die Sonne des nördlichen Landes hervorzubringen vermag. Augen und Haut hatten die beseelte und durchsichtige Zartheit, die von inneren Werten zeugt und für hektische Familien kennzeichnend ist. Auch an diesem jungen Mädchen gab es bereits ein gewisses Etwas – ihre Haut w a r nicht

welk, ihre Gestalt w a r nicht zusammengesunken – das sich
dem sensitiven Instinkt des Betrachters als Ahnung mitteilte.

Mein Freund war von der guten, aber selten glücklichen
Art, die bei der ersten Berührung klebenbleibt und sich nicht
wieder losreißen kann. Er war von Natur aus treu und eigen-
sinnig; diese angeborene Treue und dieser angeborene Eigen-
sinn verschmolzen im Sinne miteinander und bewirkten mit
natürlicher Notwendigkeit, daß die Neigung, die er gefaßt
hatte, sein ganzes Wesen gefangennahm und seine ganze Per-
spektive beherrschte. Das junge Mädchen wurde für ihn zur
einzigen Frau – alle anderen gab es nicht mehr; und wenn er
in die Zukunft dachte, sah er sich nur als einen Appendix
dieses Frauenbildes, der nicht selbständig existieren konnte.

Ich erinnere mich noch an einen Brief, den ich eines Tages
von meinem Freund bekam, als uns die Umstände für ein
paar Wochen getrennt hatten. Darin schilderte er eine Reise
von der Stadt in seinen Heimatort, seinen und ihren Heimatort. Es war der Morgen eines zeitigen Frühlingstages; plötzlich hatte ihn eine unüberwindliche Abneigung gegen die
Stadt ergriffen, gegen die Straßen, die Kameraden, die täglichen Mühen und die nächtlichen Gelage. Gleichzeitig meldete sich eine ebenso starke Sehnsucht nach dem Lande, nach
der grünen Ebene am Meer und den Dörfern mit den weißen
Höfen. Er hatte von der einen fort hin zum anderen gemußt –
diesem anderen, über dem i h r Geist schwebte. Er war in
den Morgenzug gestiegen und nach ein paar Stunden an der
kleinen Station da draußen mitten im ländlichen Frieden an-
gekommen. Und dann schilderte er mir in jenem Brief den
Heimweg, die Wanderung eines verliebten jungen Mannes
nach Hause, zu seinem Haus, zur Wohnstatt seiner Liebe –
eine Wanderung durch den seeländischen Wald, wo die Bu-
chen in derselben Nacht ausgeschlagen hatten, hinunter zur

Ebene und dem Meer. In dieser Schilderung lag etwas so unbestimmbar und unbegreiflich Feines, eine Stimmung, die genau einem solchen zeitigen Frühlingsmorgen in einem Buchenwald entsprach, wo das Grün nur ein zarter Hauch ist, etwas gleichzeitig Reines und Zartes, Kühles und Inniges, etwas Bebendes, beinahe jungfräulich Scheues und feierlich Stilles, ein Gefühl so intensiv, daß Worte sich verweigern, und so tief, daß nur Blicke sprechen können, ein Glück so groß, daß es beklommen macht, und eine so überwältigende Zärtlichkeit, daß sich der Mensch ratlos fragt, wohin damit.

So war die Liebe meines Freundes. Viel Überspanntheit, viel Idealisierung – aber die gibt es in jeder echten Liebe eines Mannes zu einer Frau. Im Grunde war es doch eine Liebe zu dieser einen bestimmten Frau, die er äußerlich und innerlich kannte, in alltäglichen und festlichen Situationen, zu Hause und anderswo, in Arbeit und Vergnügen, durch ständiges und intimes Zusammensein über viele Jahre hinweg, die er in günstigem wie in ungünstigem Licht gesehen hatte, deren Kanten und Flecke sich durch den Opferrauch seines Kults bemerkbar gemacht haben mußten, egal wie dicht dieser gewesen sein mochte. Er liebte diese Frau nicht als das Ideal, das er sich von ihr geformt hatte, sondern so, wie sie war und gerade weil sie so war.

Es wurde keine glückliche Liebe. Mein Freund war, neben allem anderen, was er war, vor allem einer jener stillen und im gesellschaftlichen Umgang ein wenig schüchternen Männer, die so unbedeutend erscheinen, eben weil sie einen gehobenen Anspruch haben, die uninteressant wirken, gerade weil sie wählerisch sind, was sie daran hindert, an belanglosen Plaudereien teilzunehmen und sich in den Vordergrund zu drängen – ihr übertriebenes Feingefühl bringt sie dazu, das Beste, die Grazie ihrer Seele und die positive Delikatesse ihres

Geschmacks, stets für sich zu behalten. Solche Männer machen in der Regel den geringsten Eindruck auf die Frauen; für die gröber veranlagte weibliche Natur sind sie ausschließlich die »Versager«. Ob noch intime, geschlechtliche Gleichgültigkeit oder Abneigung hinzukam oder nicht – egal, mein Freund hatte eines schönen Tages in jenem großen Glücksspiel, das man Liebe nennt, den kürzeren gezogen.

Mit einem Mal stand er, unerwartet glaube ich, vor einer Mauer, die nicht die Spur eines Risses aufwies, durch den er zu ihr und dem Leben hätte gelangen können. Nun folgten einige graue, lange Jahre, in denen er sich in der seiner Natur gemäßen schwermütigen und düster-introvertierten Art in Resignation vergrub. Er ließ sich gehen, war wohl ohne Hoffnung. Nicht einmal der Umstand, daß sich das junge Mädchen eine Zeit darauf mit einem jungen Mann verlobte, der ihm gegenüber weder äußere noch innere Vorzüge besaß, ihr aber bieten konnte, was er damals nicht aufzuweisen hatte, ein eingerichtetes Haus und eine gesicherte Zukunft – nicht einmal das konnte ihn aus der dumpfen Apathie reißen, in die er nach und nach immer mehr versank. Er blendete alles andere aus, wie ein Medium, das auf den leuchtenden Punkt, die Kugel oder das Auge des Hypnotiseurs starrt; seine Liebe war erst zum alles beherrschenden Gefühl und dann zur fixen Idee geworden. Als die Erlösung aus dem Zauberschlaf kam, war es zu spät; als er aus seinem magnetischen Traum erwachte, hatte er alles verloren bis auf die Erinnerung an seine Jungend, an alle Jugend, an das Leben, das in Schiffbruch und Kampf und lauter neuen Errettungsfesten gefeiert wird.

Unsere Wege trennten sich, und ein paar Jahre vergingen, ohne daß wir einander gesehen oder groß voneinander gehört hätten. Schließlich kreuzten sich unsere Bahnen aufs neue in der Gegend, wo wir uns zuerst getroffen hatten, und mein

Freund erzählte vom letzten Stadium seiner Jugendliebe und dem plötzlichen, traurigen Ende, dem von einer Bagatelle bewirkten vollständigen Umschlag in ein ganz entgegengesetztes Gefühl – erzählte davon an einem Herbstnachmittag, während wir zusammen über die Felder liefen, die bleichgelb in der matten Herbstsonne lagen. Während des Berichts hellte sich sein Gesicht auf – nicht vor Glück, nicht einmal aus Gleichgültigkeit, es war nur ein bleicher Schimmer, ähnlich dem Herbstlicht über dem nackten Acker, ein leeres, mildes, sarkastisches Lächeln.

An einem hochsommerlichen Tag im Jahr zuvor waren sie sich auf einem Waldausflug begegnet, wie so oft. Diese Touren mit ihren melancholischen Heimfahrten in stillen, mondscheinklaren Mittsommernächten schlossen gleichsam den Extrakt seiner Erinnerungen ein. Das nagende, schmerzende Bewußtsein, daß sie für ihn unwiderruflich verloren wäre und niemals die Seine werden würde, beherrschte ihn nie so stark wie gerade bei diesen Begegnungen im Wald. Er war mit der Eisenbahn aus der Stadt angereist; sein aufmerksames und krankhaft scharfsichtiges Auge hatte sie schon vom Abteilfenster aus in dem bunten Gewimmel von Gespannen, Pferden und Menschen erspäht. Ihm war klar gewesen, daß sich die unerträgliche Geschichte nun ein weiteres Mal wiederholen würde. Er war bereit, sich in das Unausweichliche zu fügen und die ganze Skala verletzender Gefühle zu erdulden. Sie hatten sich getroffen, einander begrüßt, miteinander gesprochen, wie so oft zuvor und über gleichgültige Dinge. Dabei mußte sie wegen irgendeiner Bemerkung lächeln; und in dieser kurzen Minute, da sie den Mund offen gehalten hatte, war die Metamorphose in ihm vor sich gegangen. Er hatte bemerkt, daß der eine Vorderzahn in ihrem Unterkiefer einen kleinen grünen Fleck aufwies, als wäre unter der blauweißen Emailleoberfläche alles von Würmern zerfressen. Im selben Augenblick fühlte er sich plötzlich frei, absolut frei von dem Alp, der ihn jahrelang gedrückt und den er bei aller Anstrengung nicht hatte abwerfen können. Er hatte sich mit der Hand über die Augen gestrichen, wie ein Medium, das aus dem hypnotischen Schlaf geweckt wird. Er hatte die vor ihm stehende junge Frau angestarrt, als würde er nicht ganz sicher sein, ob er sie wiedererkannte, ob sie wirklich dieselbe wäre, die sie doch gewesen war und sein sollte. Er hatte ihren Namen leise vor sich hin gemurmelt, immer wieder: Er war ihm wie ein sinnloser Laut erschienen, der nichts bezeichnete und mit keiner Person zu tun hatte, weder mit der, die vor ihm stand, noch mit irgendeiner anderen. Und die Verwandlung in seinem Inneren ging weiter: Es war, als ob die Schichten des Unbewußten aufbrachen, eine nach der anderen, und die früheren Bewußtseinsablagerungen verdrängten, um deren Platz einzunehmen. Es blieb nicht bei der Wahrnehmung des kleinen grünen Flecks auf dem Zahn; er sah analoge Dinge überall an ihrem Körper: sah die schlechte Körperhaltung, die eingesunkene Brust, die welke Gesichtshaut und die schlaffen Züge, den schwerfälligen Gang. Seine ganze alte prachtvolle Liebe, an der er so lange getragen hatte, erst als Glück und dann als bitteres Leid, fiel von ihm ab wie ein verschlissenes Kleidungsstück, wie ein lumpiger Fetzen. Er war frei – frei. Und aus der einst so frischen, dann verblühten, aber dennoch schönen Blume kroch ein Wurm – er machte eine Geste und eine Miene, als würde sich dieser über seine Hand schlängeln. Ihm war zumute, als wäre er abends mit einer Frau zu Bett gegangen, deren Gesicht im Dunkeln schön erschienen war, und hätte im grauen und nüchternen Licht des frühen Morgens ein Geschöpf neben sich entdeckt, das ihm beinahe Ekel verursachte...

Ich glaube nicht, daß der hier geschilderte Fall eine Ausnahme darstellt; ich glaube ganz im Gegenteil, daß es sich hierbei um ein typisches Beispiel für den Auflösungsprozeß einer Liebe handelt. Und so, wie eine Liebe vergeht, entsteht sie auch. Wenn auf einem Gebiet unseres Lebens der Spruch »kleine Ursache, große Wirkung« gilt, dann auf dem der Liebe des Mannes zur Frau. Die Gefühle, Bewegungen und Schwingungen, die das erste Glied im Wachsen einer Liebe und im Absterben einer Liebe bilden, sind so minimal, daß sie im Augenblick ihrer Entstehung nicht wahrnehmbar sind und sich auch später nicht feststellen lassen. Es ist ein Keimen, ein Wogen so tief unten in der menschlichen Natur, daß nicht einmal die schwachste Spur davon an die Oberfläche gelangt. Es handelt sich im Grunde um nichts anderes als um heimliche, der betreffenden Persönlichkeit innewohnende Sym- und Antipathien, die durch äußere Anlässe aus ihrer Gebundenheit gelöst, ihrem Schlummer geweckt werden. Diese äußeren Anlässe sind in der Regel ebenso minimal und – vor allem – scheinen den Regionen der Liebe so weit entfernt, daß es niemandem, am allerwenigsten der bewußten Person selbst, einfallen würde, irgendeinen Zusammenhang zwischen dieser kleinen Ursache und jener großen Wirkung zu suchen oder zu finden, zumal sie so wesentlich entgegengesetzt sind, wie man es sich nur vorstellen kann. In dem von mir geschilderten Fall war es natürlich nicht der grüne Fleck auf dem Zahn an und für sich und allein, der die blühende Liebe meines Freundes in einem einzigen Augenblick welken ließ; diesem schicksalhaften Moment ging eine lange Entwicklung voraus, im Verborgenen, in seinem Unbewußten. Die hauptsächliche Bedeutung des grünen Flecks bestand darin, meinem Freund den ununterbrochenen Auflösungsprozeß bewußt zu machen; die Metamorphose wurde dadurch nicht hervorgerufen, sondern abgeschlossen. Allerdings gibt es Fälle, in denen die Verwandlung tiefer vor sich geht, als es hier der Fall war, nicht bloß im Unbewußten des Menschen, sondern unten in seiner selbstbestimmten Physis. Eigentlich wird die Liebe erst in diesen Fällen zur Sphinx und zum Rätsel, in ihrer Entstehung, ihrem Wesen und ihrem Ende. Wie konnte die Leidenschaft eines Mannes für ein junges Mädchen, eine Leidenschaft, die auf jugendlicher Sinnlichkeit basiert hatte, urplötzlich in einen unbezwinglichen Widerwillen gegen dasselbe junge Mädchen umschlagen, im selben Augenblick, als der junge Mann zum ersten Mal das Gesicht ihres Vaters sah, das ihn mit Abscheu erfüllte und dem der Tochter doch so ähnlich war? Oder warum mußte sich in einem analogen Fall die Liebe des Mannes in physische Antipathie verwandeln, nur weil er eine junge Kindesmörderin erblickte, deren Züge ihn so an die der Geliebten erinnerten, daß er sie nicht mehr voneinander trennen konnte?

Es werden jahraus, jahrein so viele Bücher über die Liebe geschrieben, von großen und kleinen Dichtern; sie ist das Thema in allen poetischen Werken, in der letzten Zeit auch – und nicht nur in Paul Bourgets »Physiologie de l'amour moderne« – Gegenstand kritischer Untersuchung. Aber wenn man es recht bedenkt: Ist es nicht erstaunlich, wie gering die Ausbeute ist, wie spärlich die Erkenntnisse über ihr wirkliches Wesen ausfallen! So kommt es mir jedenfalls vor. Des Pudels Kern liegt wohl darin, daß in diesem Jahrhundert des platten Verstandes und des oberflächlichen Materialismus alle tiefen Quellbrunnen versiegt oder ausgetrocknet sind. Man simplifiziert die Liebe zur Brunst, man verflacht sie zum Gefühl, man läßt sogar Prinzipien, Theorien hineinspielen; umständlich erklärt man das ganze Außenwerk, die äußeren

Phasen, das soziale und psychologische Milieu, die Umgebungen der Liebesbeziehung außerhalb der Personen und bei ihnen. Aber wo findet man die Liebe selbst geschildert, die individuelle Liebe in ihrem psychophysiologischen Wesen, in dem sie e i n s ist mit der Individualität, selbstbestimmt wie diese in ihren Sym- und Antipathien, in ihrer Erscheinung und Physionomie, in ihrem Duft und ihrer Farbe, in ihrer Eigenart zu wachsen, sich zu formen und zu leben, Materie wie diese – sich aus sich selbst heraus entwickelnd – Seele wie diese und wie diese ein Naturgrund mit sowohl schwarzen als auch weißen Blumen?

EDITORISCHE NOTIZ

»Sensitiva amorosa« erschien zuerst 1887 in H. Österling & C:o förlag, Helsingborg. Grundlage der vorliegenden Übersetzung war die Edition im Rahmen der »Samlade skrifter« (Band 3), Tidens förlag, Stockholm 1919, S. 7-85, die als Ausgabe letzter Hand angesehen werden kann.

»Sensitiva amorosa« ist auch ein Abschnitt der Essaysammlung »Kaserier i mystik« (Albert Bonniers boktryckeri, Stockholm 1897) überschrieben. Die Beiträge des Bandes waren zum Teil schon früher in Zeitschriften erschienen. Grundlage der vorliegenden Übersetzung war die Edition im Rahmen der »Samlade skrifter« (Band 9), Tidens förlag, Stockholm 1921, S. 193-203, die als Ausgabe letzter Hand angesehen werden kann.